Aviva mi corazón

Reflexiones diarias

Querida amiga:

¿Cómo está tu corazón hoy? ¿Contento y en paz, o ansioso e inquieto? ¿Tu corazón disfruta y descansa en Cristo, o se siente preocupado y agobiado?

Con demasiada frecuencia, el estado de mi corazón se ve influenciado por presiones o desafíos en casa o en el trabajo, o por la forma en que me tratan los demás, o por los últimos titulares de las noticias. Sin embargo, en medio de todo eso y más, Dios quiere *avivar mi corazón* y desea hacer lo mismo por ti.

Día tras día, pase lo que pase en tu mundo —o en el mundo entero—, Jesús está a la espera para avivarte, para traerte esperanza y sanación, gozo y paz. Pero tu relación con Él no crecerá sin un esfuerzo intencional de buscarlo en Su Palabra y reflexionar sobre Él cada día. Al hacerlo, Su verdad se abrirá paso en medio de tu ajetreo, calmará tus emociones fuera de control y te ayudará a alinearte con Su plan para tu vida.

Espero de todo corazón que este diario personal, que incluye seis meses de lecturas diarias, te proporcione una perspectiva nueva para todo lo que tengas que afrontar a lo largo de este tiempo; y que, con el amanecer de cada nuevo día y el paso de cada nueva página, la promesa del Salmo 69:32 se haga más real para ti:

Buscad a Dios, y vivirá vuestro corazón.

En busca de Dios contigo,

Nancy

Nancy DeMoss Wolgemuth

Día 1

/ /
DÍA MES AÑO

La Palabra hablada de Dios

Entonces dijo Dios:
«Sea la luz». Y hubo luz.
GÉNESIS 1:3 (NBLA)

Existen muchas maravillas naturales en nuestro planeta y los seres humanos han diseñado y producido muchos prodigios científicos y tecnológicos. Pero ninguno se acerca a la maravilla de esas tres palabras que se encuentran en Génesis 1: «Entonces dijo Dios...».

El Dios eterno y Creador del universo, Aquel que sostiene todos los cuerpos de agua de la Tierra en la palma de Su mano, Aquel que utiliza los continentes como estrado de Sus pies, Aquel que mide la extensión del universo con la anchura de Su mano: ese Dios nos ha hablado.

En el ámbito espiritual, Dios nos ha dado muchas cosas extraordinarias, maravillas divinas que nos hacen admirar Su grandeza, Su poder y Su amor. La creación del mundo, la encarnación del Señor Jesús, el milagro del nuevo nacimiento: cada una de estas maravillas está firmemente unida a la *Palabra de Dios*. Cuando Dios *dijo*: «Sea la luz», *se hizo* la luz. La mera palabra de Dios dio origen a todo el universo.

Hazlo personal

Haz una lista de algunas de las maravillas divinas de Dios y dale gracias por Su gloria.

Señor, hoy te doy gracias por…

Señor, hoy te pido…

Día 2

/ /
DÍA MES AÑO

Una historia maravillosa

Cada día de mi vida estaba registrado en tu libro.
Cada momento fue diseñado antes de que un solo día pasara.
Salmo 139:16 (NTV)

A nadie le gusta una historia aburrida. Queremos que tenga intriga, acción, conflicto y giros inesperados.

Sin embargo, cuando se trata de nuestras vidas, pensamos de otra manera. Queremos que nuestra historia y las de nuestros seres queridos tengan finales predecibles en los que todo resulte para bien: los buenos viven felices para siempre y los malos desaparecen. Por eso, cuando se produce un giro inesperado y no deseado, podemos sentirnos decepcionadas, traicionadas o incluso devastadas.

Pero Dios rara vez escribe historias nítidas y ordenadas. De hecho, muchos de los relatos que encontramos en las Escrituras son bastante complicados.

Esto no es menos cierto en nuestras vidas. Situaciones que parecen confusas y caóticas para nosotras son, en realidad, hilos que Dios está entretejiendo para crear una historia: una obra de arte hermosa y convincente.

Acontecimientos que ahora no tienen ningún sentido, algún día lo tendrán; si no en esta vida, entonces en el cielo, cuando veamos el plan maestro que Él tenía en mente desde el principio.

Hazlo personal

¿Cómo puedes elegir deliberadamente confiar en Dios en medio de las situaciones y circunstancias que vives hoy?

Señor, hoy te doy gracias por...

Señor, hoy te pido...

Día 3

/ /
DÍA MES AÑO

Completa rendición

Ustedes no se pertenecen a sí mismos, porque Dios los compró a un alto precio. Por lo tanto, honren a Dios con su cuerpo.
1 Corintios 6:19-20 (ntv)

Algunas personas afirman estar entregadas a Dios, e incluso pueden creer que lo están, pero en realidad están justificando actitudes o comportamientos que van en contra de la Palabra de Dios. Puede sonar así: *Las cosas que veo en la televisión no son tan malas.* O, *admito que tengo una lucha constante con comer en exceso y con controlar mi temperamento, pero nadie será perfecto hasta que lleguemos al cielo.*

Si afirmas ser una discípula de Cristo, pero vives negando y evitando lidiar con ciertas áreas de tu vida que no le agradan a Él, no estás viviendo una vida completamente entregada a Cristo. No importa cuántas personas piensen que eres una «buena cristiana».

Hasta cierto punto, todas nos encontramos en esta condición de autoengaño. Podemos sentir que, en comparación con los estándares del mundo, estamos bien. De hecho, escribir esto me ha obligado a enfrentar varios asuntos en mi propia vida que había estado pasando por alto, tolerando o excusando, pero que, en realidad, tienen que ver con rendir mi corazón completamente a Él. Te invito a que hagas lo mismo.

Hazlo personal

¿Con qué áreas de tu vida necesitas lidiar para tener una vida totalmente rendida a Él?

Señor, hoy te doy gracias por...

Señor, hoy te pido...

Día 4

/ /
DÍA MES AÑO

Plata refinada

Plata refinada es la lengua del justo.
Proverbios 10:20 (nvi)

El libro de Proverbios hace referencia a la lengua más de cien veces y, en doce de ellas, se relaciona la «lengua» con el «corazón». Las personas rectas hablan desde la abundancia de su corazón piadoso. No hablan de cosas espirituales solamente los domingos, sino que tienen una mente verdaderamente espiritual, son moderadas y piensan antes de hablar.

Entonces, ¿qué distingue a las personas que hablan con justicia y rectitud? Sus corazones están conectados a la Fuente de la sabiduría y la gracia: a Aquel que se revela a Sí mismo en las Escrituras.

Queremos ser mujeres sabias y piadosas, pero no siempre queremos pagar el precio por un corazón sabio. Se necesita disciplina y esfuerzo para llenar nuestros corazones con la Palabra de Dios y para tener una lengua que sea como la «plata refinada».

La plata, por supuesto, es un metal preciado; y la lengua de los justos ha sido cuidadosamente refinada y es de la más alta calidad posible. Es excelente, superior y digna.

Un corazón arraigado en la Palabra y el carácter de Dios producirá palabras de una calidad superior, que serán de gran valor para quienes las escuchen.

Hazlo personal

¿Qué pues hacer hoy para que tu lengua sea como plata refinada?

Señor, hoy te doy gracias por...

Señor, hoy te pido...

Día 5

/ /
DÍA MES AÑO

La prioridad de la alabanza

Aconteció que estaba Jesús orando en un lugar, y cuando terminó, uno de sus discípulos le dijo: Señor, enséñanos a orar.

Lucas 11:1

El Padrenuestro es mucho más que un modelo para nuestras oraciones. Jesús estaba enseñando la forma de vivir y de pensar.

La oración comienza con la frase: «Padre nuestro que estás en los cielos» (Mateo 6:9); lo primero es la adoración. Jesús estaba enseñando que la adoración debe preceder a la petición, y este patrón se ve en las oraciones a lo largo de las Escrituras: oración antes de la petición, adorar antes de suplicar.

Solo después de alabar a Dios y glorificarle a Él, Jesús pasó a hacer Sus peticiones. No hay pronombres personales en esta primera parte del Padrenuestro porque, en última instancia, todo se trata de nuestro Padre celestial: Su nombre, Su reino, Su voluntad.

Antes de orar por nuestros propios asuntos y necesidades, necesitamos orar por los asuntos de Dios. Nuestro instinto es comenzar con peticiones que son urgentes o importantes para nosotras. Pero, según la enseñanza de Jesús, hay un punto de partida mejor. Sin importar lo urgente o desesperada que sea nuestra petición, debemos centrarnos primero en nuestro Padre celestial.

Hazlo personal

¿Qué dice tu vida de oración sobre tus prioridades?

Señor, hoy te doy gracias por...

Señor, hoy te pido...

Día 6

/ /
DÍA MES AÑO

El verdadero propósito

Pero ustedes no han oído jamás Su voz ni han visto Su apariencia. Y Su palabra no la tienen morando en ustedes.
JUAN 5:37-38 (NBLA)

Los fariseos eran famosos por su conocimiento de las Escrituras del Antiguo Testamento. Pero, un día, Jesús los miró a los ojos y les dijo: «No han oído jamás Su voz [del Padre]» (Juan 5:37, NBLA).

Puedo imaginarme a esos indignados eruditos de la Biblia poniéndose rojos y balbuceando: «¡No es más que un obrero! ¡Ni siquiera ha ido al seminario! ¿Y nos dice que nunca hemos oído hablar a Dios? ¡Nos hemos pasado toda la vida estudiando la Biblia!».

Pero Jesús no había terminado. Continuó: «Ustedes examinan las Escrituras porque piensan tener en ellas la vida eterna. ¡Y son ellas las que dan testimonio de Mí! Pero ustedes no quieren venir a Mí para que tengan *esa* vida» (Juan 5:39-40, NBLA).

El propósito de escudriñar la Palabra de Dios es conocer a Jesús. Él es la Palabra. Si estudiamos la Biblia, pero no llegamos a conocer, amar, adorar, servir y ser como Jesús, en realidad no somos mejores que los fariseos.

Hazlo personal

Cuándo estudias la Biblia, ¿con qué próposito lo haces?

Señor, hoy te doy gracias por…

Señor, hoy te pido…

Día 7

| / /
DÍA MES AÑO

Reflejando Su hermosura

Para mostrar en todo qué hermosa es la enseñanza de Dios nuestro Salvador.
Tito 2:10 (dhh)

Nunca me he considerado especialmente bella. No es que piense que no soy atractiva. Más bien, he intentado centrarme en cultivar la belleza del carácter y del corazón. Sin embargo, todavía recuerdo la primera vez que Robert me dijo que era bella.

Robert seguía diciéndome que era bella y parecía que lo decía en serio. Poco a poco empecé a creer que realmente Robert me veía así. Nuestro noviazgo y matrimonio me han ayudado a darme cuenta de una manera nueva y más profunda de que, cuando nos adornamos con el amor de otros, desarrollamos una mayor capacidad para reflejar amor y belleza a los demás.

Dios nos ha puesto aquí en la tierra como embajadoras del evangelio. Nuestra vocación como seguidoras suyas es hacer que Su amor y Su verdad sean visibles y creíbles —y hermosos— para los observadores escépticos. De esta manera, verán cómo nos *cambia* y nos hace hermosas. Y, a través de nosotras, verán la belleza de Su evangelio.

Hazlo personal

Piensa en alguien que conozcas cuya vida refleja la belleza del evangelio. ¿Qué tiene esa persona que hace que el amor y la verdad de Cristo sean creíbles?

Señor, hoy te doy gracias por...

Señor, hoy te pido...

Día 8

/ /
DÍA MES AÑO

Romper el silencio

Ninguna cosa creada escapa a la vista de Dios. Todo está al descubierto, expuesto a los ojos de aquel a quien hemos de rendir cuentas.
HEBREOS 4:13 (NVI)

Es por Su misericordia y para nuestro bien que Dios revela la verdad acerca de nosotras —no importa cuán vergonzosa pueda ser esa verdad—. Dios revela nuestros pensamientos, acciones y motivos para traernos paz.

Dios no pretende intimidarnos; Él es un Salvador. No puede ser blando con el pecado, porque Su justicia exige una santidad a la que nosotras, en nuestra humanidad, no podemos llegar. Las exigencias de la justicia de Dios han sido satisfechas mediante la muerte sacrificial y sustitutiva de Cristo en la cruz. Sin embargo, debemos confesar nuestro pecado; debemos rendirle cuentas. El silencio solo nos hará sentir culpables. Al confesar nuestro pecado y romper el silencio se abre la puerta de par en par al perdón de Dios y Su purificación.

Entonces, ¿por qué esconderse? ¿Por qué guardar silencio? ¿Hay algo en tu vida que sabes que desagrada a Dios, alguna actitud o comportamiento pasado? ¿Tratas de ocultárselo a Dios con la esperanza de que lo pase por alto? Dios te llama hoy a romper el silencio.

Hazlo personal

¿Hay actitudes o comportamientos en tu vida que sabes que no le agradan a Dios?

Señor, hoy te doy gracias por...

Señor, hoy te pido...

Día 9

/ /
DÍA MES AÑO

Toda la Biblia

Toda la Escritura es inspirada por Dios y útil para enseñar, para reprender, para corregir y para instruir en la justicia.
2 Timoteo 3:16 (nvi)

Es cierto que algunas partes de la Biblia son más fáciles de digerir que otras. Esta semana he estado leyendo 1 Crónicas y Ezequiel. A diferencia de los «suculentos» pasajes que podríamos descubrir en 1 Pedro o en el Evangelio de Juan, hay algunos pasajes en 1 Crónicas y Ezequiel que parecen particularmente aburridos e incluso innecesarios. Incluso el gran pastor puritano John Bunyan admitió: «A veces he visto más en una sola línea de la Biblia de lo que soy capaz de asimilar. Sin embargo, otras veces la Biblia entera me parece aburrida».[1]

Sí, necesitamos los Salmos y las Epístolas. Pero también necesitamos los libros de la Ley, los libros históricos, los profetas y los Evangelios. Necesitamos toda la Palabra de Dios.

Por eso, Pablo recordó a Timoteo que «toda la Escritura es inspirada por Dios y útil» (2 Timoteo 3:16). Eso significa que necesitamos una dieta de lectura que incluya *toda* la Palabra de Dios.

---

[1] John Bunyan, *Grace Abounding to the Chief of Sinners* (Boston: Ginn and Company, 1910), 116.

Hazlo personal

¿Qué partes de la Biblia lees con frecuencia y qué partes evitas?

Señor, hoy te doy gracias por…

Señor, hoy te pido…

Día 10

DÍA / MES / AÑO

No es lo que pediste

No temas, porque Yo estoy contigo; no te desalientes, porque Yo soy tu Dios. Te fortaleceré, ciertamente te ayudaré.

Isaías 41:10 (NBLA)

No hace mucho, Robert y yo fuimos invitados a comer a un restaurante de lujo. Cuando llegaron los platos principales, los sirvieron con unas tapas que parecían campanas brillantes. Precisamente, en el mismo momento, levantaron todas las tapas plateadas, revelando exactamente lo que habíamos pedido.

El problema es que, cuando se trata de la vida real, lo que hay en nuestros platos a menudo es algo que no hemos pedido y tal vez ni siquiera lo queremos. Preferimos elegir lo que nos apetece y que vuelvan a traer el plato, levantar la tapa plateada y, ¡*voilà*!, exactamente lo que queríamos. A veces puede ser así, pero a menudo no lo es. La soberanía de Dios a menudo nos sorprende a nosotros, los mortales.

Sin embargo, ¡imagina la paz, el consuelo y la esperanza que tendríamos si realmente creyéramos que Dios conoce y ve todo lo que nos espera en el futuro, y que ya ha provisto todo lo que necesitaremos cuando llegue el momento! ¡Eso eliminaría nuestro miedo, ansiedad y temor!

Hazlo personal

Anota algunas de las veces que has visto la providencia de Dios en tu vida y pídele que te ayude a confiar en Su plan para ti.

Señor, hoy te doy gracias por...

Señor, hoy te pido...

Día 11

/ /

DÍA MES AÑO

La promesa del perdón

Llevó nuestros pecados tan lejos de nosotros como está el oriente del occidente.

SALMO 103:12 (NTV)

Perdonar a alguien es la promesa de no volver a sacar a relucir el pecado que esa persona ha cometido contra ti. Es una decisión deliberada de extirpar, presionar la tecla de borrar, eliminar la herida totalmente de nuestra mente. Cuando hacemos la promesa de perdonar, renunciamos a nuestro «derecho» de castigar al ofensor o de hacerle pagar.

A veces se me acerca una mujer y me dice: «He perdonado a mi marido» o «He perdonado a tal persona», y luego empieza a enumerar todas las cosas hirientes que esa persona le ha hecho. Aunque puedo aplaudirla por reconocer lo que necesita hacer, sus propias palabras revelan que no ha perdonado del todo a la otra persona, porque el perdón es una promesa.

Es una promesa que Dios nos ha hecho. Sí, lo que le hicimos fue real. Lo que *seguimos* haciendo contra Él es real. Pero por la sangre expiatoria de Su Hijo, Dios ha elegido no recordar nuestras ofensas. No las vuelve a mencionar.

Hazlo personal

Piensa en las personas que te han herido en el pasado. ¿Las has perdonado realmente?

Señor, hoy te doy gracias por...

Señor, hoy te pido...

Día 12

/ /
DÍA MES AÑO

¡Empieza hoy a memorizar las Escrituras!

Pongan la mira en las cosas de arriba,
no en las de la tierra.
Colosenses 3:2 (NBLA)

Una valiosa ayuda para meditar en las Escrituras es la memorización. De hecho, cuando me encuentro con alguien que lucha con el desánimo o la depresión, a menudo le pregunto: «¿Memorizas las Escrituras?». Esta práctica puede cambiar nuestra perspectiva y actitud.

«Pero yo no puedo memorizar», responderán algunas. Don Whitney señala que la cuestión no es nuestra *capacidad* de memorizar, sino nuestra *motivación*: «¿Y si te ofreciera mil dólares por cada versículo que memorices en los próximos siete días? ¿Crees que mejoraría tu memoria? Cualquier recompensa económica sería mínima comparada con el valor del tesoro de la Palabra de Dios depositado en tu mente».[1]

Memorizar las Escrituras aporta muchos beneficios, entre ellos, limpiar y renovar tu mente; mantenerte alejada del pecado; proporcionarte dirección; fortalecer tu espíritu; combatir los ataques del enemigo; estimular tu deseo por cosas espirituales; y fijar tu mente y afectos en el Señor.

---

[1] Donald S. Whitney, *Spiritual Disciplines for the Christian Life* (Colorado Springs: NavPress, 1991), 38.

Hazlo personal

Elige una sección de las Escrituras y anota tu plan para memorizarla.

Señor, hoy te doy gracias por...

Señor, hoy te pido...

Día 13

/ /
DÍA MES AÑO

Guarda tu corazón para el Señor

Sobre toda cosa guardada, guarda tu corazón; porque de él mana la vida.
Proverbios 4:23

En nuestra condición caída y pecaminosa, antes de llegar a la fe en Cristo, la Biblia dice que nuestros corazones eran insensatos y terriblemente malvados, y estaban empeñados en pecar. Sin embargo, alabado sea Dios, porque cuando recibimos a Cristo como nuestro Salvador, Dios nos dio un corazón nuevo.

No obstante, mientras vivamos en este mundo caído, nuestros corazones son vulnerables a ser influenciados por el mundo que nos rodea, por nuestra naturaleza física y por el pecado que habita en nosotras. Ese pecado no será completamente eliminado hasta que veamos a Jesús y seamos como Él. Por eso es tan importante que nuestros corazones redimidos sean protegidos y guardados para Dios.

Entonces, ¿cómo guardamos nuestros corazones? Primero, debemos evitar las influencias negativas que pueden corromper nuestros corazones. Segundo, necesitamos llenar nuestros corazones cada día con la Palabra, y orar y meditar sobre los caminos de Dios.

No permitas que estas prácticas se conviertan en rutina; recuerda que son una manera de conocer a Dios personalmente y de mantener tu corazón limpio y fresco.

Hazlo personal

¿Qué medidas prácticas puedes tomar hoy para guardar tu corazón?

Señor, hoy te doy gracias por...

Señor, hoy te pido...

Día 14

/ /
DÍA MES AÑO

Los mendigos espirituales

«Dichosos los pobres en espíritu».
Mateo 5:3 (nvi)

El primer sermón registrado de Jesús trató sobre cómo experimentar el gozo verdadero, de cómo ser feliz. Declaró que todo comienza por ser pobre. En nuestro mundo de hoy, si nos pidieran sugerir maneras en las que podemos ser bendecidas, no estoy segura de que comenzáramos por ahí. Generalmente no pensamos en la pobreza como una bendición, pero Jesús vino a introducir una forma de pensar radicalmente diferente sobre la vida.

En la lengua original, existen dos palabras que Jesús podría haber elegido para hablar de alguien que es «pobre». La primera opción sugiere a alguien que vive justo por debajo del nivel de pobreza, alguien que a duras penas se gana la vida. Esa no es la palabra que Jesús eligió. Usó otra palabra que significa «mendigo»: una persona que no tiene esperanza de sobrevivir a menos que alguien le tienda una mano y lo levante.

¿A qué se refiere Jesús? Dichosos los *mendigos*, los que reconocen que, espiritualmente, no tienen ninguna posibilidad de sobrevivir sin la intervención de la misericordia y la gracia de Dios. Su necesidad los lleva a Él. Y como se acercan a Dios, Él responde derramando sobre ellos las riquezas de Su reino y avivando sus corazones.

Hazlo personal

¿Cuáles son algunas de las riquezas espirituales que Dios ha derramado en tu vida?

Señor, hoy te doy gracias por...

Señor, hoy te pido...

Día 15

/ /

DÍA MES AÑO

El crecimiento requiere tiempo

[En las cartas de Pablo] hay algunas cosas difíciles de entender, que los ignorantes e inestables tuercen... para su propia perdición.

2 Pedro 3:16 (nbla)

Con lo importante que han sido las Escrituras para mí, tengo que decir que no todos los días ni todos los pasajes bíblicos han sido un banquete espiritual, de la misma manera que no todas las comidas que como son un banquete delicioso. ¡Algunos pasajes me han sabido más a cartón que a miel! Algunos días, me he sentido como si estuviera caminando dificultosamente por el lodo, en vez de andar por los caminos del Rey.

Sin embargo, el valor y el impacto de la Palabra en nuestra vida no se pueden apreciar necesariamente en lo que asimilamos en un día o una semana de lectura. Cuando un niño está creciendo, no sueles ver evidencia física de su crecimiento a diario. Pero poco a poco te das cuenta de que sus pantalones le quedan cortos y sus brazos sobresalen de las mangas de la camisa. Al final del año, te asombras al darte cuenta de lo mucho que ha crecido.

De la misma manera, el valor de una dieta equilibrada y nutritiva, por lo general, no se experimenta en un día o una semana, más bien los beneficios acumulativos de comer bien se experimentan a lo largo de un periodo de tiempo prolongado.

Hazlo personal

Anota todas las formas en que tu relación con el Señor creció este año. Guarda la lista para compararla con la del próximo año.

Señor, hoy te doy gracias por...

Señor, hoy te pido...

Día 16

/ /
DÍA MES AÑO

La razón de tu existencia

Dios nos escogió en él antes de la creación del mundo, para que vivamos en santidad y sin mancha delante de él.

Efesios 1:4 (nvi)

El propósito de Dios al salvarte no era solo hacer más fáciles o agradables los pocos años que vivirás sobre la tierra. Él tenía en mente un objetivo eterno. Su intención era hacerte santa, porque Él es santo, para que pudieras glorificarle en todo, agradarle en todo y disfrutar de una comunión íntima con Él por toda la eternidad.

Tu santidad no ocupa un lugar secundario entre otros objetivos que puedas tener para tu vida, sino que es el propósito supremo de Dios para ti. Es algo que Él deseó, planeó y dispuso incluso antes de crear el mundo.

Ser santa es la razón de tu existencia. Es tu destino. Y será el estado final para cada hijo verdadero de Dios y para todo el cuerpo de Cristo, según la maravillosa promesa en 1 Juan 3:2: «Sabemos... que cuando Cristo venga seremos semejantes a él, porque lo veremos tal como él es» (nvi).

Hazlo personal

¿De qué manera refleja tu vida el propósito del Señor para ti? ¿Buscas vivir en santidad según Su propósito eterno?

Señor, hoy te doy gracias por...

Señor, hoy te pido...

Día 17

/ /
DÍA MES AÑO

¿Todo lo que necesito?

Mediante su divino poder, Dios nos ha dado todo lo que necesitamos para llevar una vida de rectitud.
2 Pedro 1:3 (ntv)

«Cristo es todo lo que necesito». Una cosa es cantar este estribillo durante el culto de la iglesia, pero cuando salimos de la iglesia al mundo hostil, ¿realmente *creemos* lo que hemos cantado?

Seamos sinceras, a menudo no creemos que la Palabra de Dios sea realmente suficiente para resolver nuestros problemas. Oh, puede que funcione para los problemas de los demás, pero no para *mis* necesidades, *mis* relaciones, *mi* situación. Nuestra forma de vivir revela lo que realmente creemos. Espero que no seas de las que piensan...

«Necesito la Palabra de Dios *más* estos ocho libros de la librería cristiana»; o «necesito la Palabra de Dios *más* conferencias y consejeros».

«Claro que necesito a Dios, pero, *además*, necesito amigos íntimos, buena salud, un esposo, o un trabajo que pague lo suficiente».

La verdad es que Dios es suficiente. Si tienes a Dios, tienes todo lo que necesitas. ¿Lo crees?

Hazlo personal

¿Qué dificultades estás enfrentando ahora en tu vida? Pídele ayuda a Dios y luego descansa sabiendo que Él es realmente todo lo que necesitas.

Señor, hoy te doy gracias por...

Señor, hoy te pido...

Día 18

/ /
DÍA MES AÑO

Luchando con Dios

¿No eres Tú desde la eternidad,
oh Señor, Dios mío, Santo mío?
Habacuc 1:12 (NBLA)

¿Qué te viene a la mente cuando piensas en la lucha libre? Probablemente te imaginas a atletas musculosos luchando en un gimnasio o en un estadio. Sin embargo, la Biblia presenta una imagen diferente, una que requiere aún más fuerza y valor.

El nombre Habacuc significa «el que lucha». No sabemos en qué pensaban los padres de Habacuc cuando le dieron su nombre, pero su elección resultó apropiada. Habacuc, un profeta del Antiguo Testamento, luchó con Dios por medio de una conversación sincera. A Habacuc le preocupaba la injusticia y las oraciones sin respuesta. Contemplaba la violencia en el mundo y no estaba seguro de si podía confiar en el plan de Dios.

Puede ser que, al mirar al otro lado del cuadrilátero, te enfrentes a una lucha con la duda, la confusión, la culpa o la oración sin respuesta... todos ellos fuertes oponentes en la vida diaria.

En el mundo cristiano, muchas veces actuamos como si fuera malo tener preguntas y, cuando eso ocurre, tratamos de acallar esas inquietudes. Por el contrario, Habacuc, en esencia, dice: «Tengo preguntas válidas y voy a ir a Aquel que puede darme respuestas claras».

Hazlo personal

¿Te preocupas hoy por injusticias y oraciones sin respuesta? Lleva tus preguntas a la única Fuente que te ofrece respuestas claras.

Señor, hoy te doy gracias por...

Señor, hoy te pido...

Día 19

/ /

DÍA MES AÑO

Una oración en familia

También nosotros, siendo muchos, formamos un solo cuerpo en Cristo, y cada miembro está unido a todos los demás.

Romanos 12:5 (nvi)

A lo largo del Padrenuestro, no vemos las palabras «yo», «mi» o «me». En cambio, nueve veces leemos «nuestro», «nosotros» y «nos». Esta oración no es egocéntrica. Cuando oramos el Padrenuestro, lo hacemos en comunión y en relación con todos los demás creyentes en Cristo. Dios es *nuestro* Padre. Podemos orar en privado o con otras personas, pero nunca nos acercamos solas a Dios.

Por eso, al acercarnos a Dios, debemos pensar no solo en cómo nos afecta algo a nosotras mismas. No podemos expresar nuestras preocupaciones, necesidades o deseos a Dios sin tener en cuenta los de nuestros hermanos y hermanas.

Eso da un nuevo alcance y una magnitud más amplia a la oración. Estamos elevando nuestras propias necesidades al Señor, pero también las de los creyentes alrededor del mundo. Puede que no sepamos quiénes son ni sus circunstancias particulares, pero Dios sí lo sabe, y vamos juntos a Su trono por medio de la oración.

Hazlo personal

¿Cómo afecta a tu vida de oración el hecho de saber que cada vez que te presentas ante Dios en oración lo haces junto a otros creyentes de todo el mundo?

Señor, hoy te doy gracias por...

Señor, hoy te pido...

Día 20

/ /

DÍA MES AÑO

Ayuda sobrenatural

Muéstrame, oh Jehová, tus caminos;
enséñame tus sendas.
SALMO 25:4

Dios ha tenido la gracia de hacer que la Palabra cobre vida para mí cuando me tomo el tiempo de orar cada mañana con mi Biblia abierta. Mientras oro usando Sus propias palabras, reconozco que no estoy leyendo un libro cualquiera, sino uno *sobrenatural*, y que, por tanto, necesito la ayuda de su Autor.

Jesús dijo a Sus discípulos que iba a enviar a Su Espíritu Santo, como un Consolador, para enseñarles y guiarlos a toda verdad (Juan 14:26). En 1 Corintios 2:14 leemos que el hombre natural no puede entender las cosas de Dios. Solo el Espíritu de Dios puede revelárnoslas. Santiago dice: «Y si a alguno de ustedes le falta sabiduría, que se *la* pida a Dios, quien da a todos abundantemente y sin reproche» (Santiago 1:5, NBLA).

Se atribuye a Samuel Taylor Coleridge la frase: «Hasta la Biblia, sin el Espíritu Santo, es como un reloj de sol a la luz de la luna».[1] Necesitamos que el Espíritu Santo nos dé sabiduría y entendimiento, sea nuestro maestro y arroje luz divina sobre la Palabra.

[1] James M. Gray, *How to Master the English Bible* (Edimburgo: Oliphant, Anderson & Ferrier, 1907), 53.

Hazlo personal

Reescribe el texto de Santiago 1:5 usando tus propias palabras y señala las áreas de tu vida donde necesitas sabiduría divina hoy.

Señor, hoy te doy gracias por...

Señor, hoy te pido...

Día 21

/ /
DÍA MES AÑO

Las aves del cielo

Miren las aves del cielo, que no siembran, ni siegan, ni recogen en graneros, y *sin embargo*, el Padre celestial las alimenta. ¿No son ustedes de mucho más valor que ellas?
MATEO 6:26 (NBLA)

En mi vecindario hay miles de pájaros, desde diminutos jilgueros amarillos hasta enormes halcones, garzas y águilas. Y temprano por la mañana, mi marido, Robert, rellena los comederos de los pájaros para asegurarse de que nuestros pequeños amigos emplumados desayunen.

Sin embargo, ninguna de estas criaturas necesita a Robert para sobrevivir. Nuestro Dios bueno, sabio y soberano cuida y satisface todas sus necesidades. Eso no significa que nunca tengan problemas. Pero Jesús nos aseguró que ni siquiera los gorriones comunes y corrientes pueden caer al suelo y morir «sin que el Padre lo permita» (Mateo 10:29, NBV).

Dios alimenta a los pájaros como es debido. ¿Qué significa esto? Significa que tienes un Dios que se preocupa profundamente por ti y que suplirá tus necesidades. No se limita a mirar cómo comen los pájaros. Él está personalmente involucrado en su alimentación. Y lo que hace por estas criaturas, lo hará por ti.

Hazlo personal

Observa algunas aves hoy y anota cómo Dios cuida de ellas y cómo cuida de ti.

Señor, hoy te doy gracias por...

Señor, hoy te pido...

Día 22

/ /
DÍA MES AÑO

Una respuesta suave

La respuesta amable calma la ira,
pero la agresiva provoca el enojo.
Proverbios 15:1 (nvi)

Cuando ves un programa de televisión y escuchas cómo se habla la gente, es probable que oigas muchas palabras duras y airadas. Una respuesta amable puede calmar una situación tensa, ¡pero las palabras agresivas generalmente dan lugar a una pelea!

Sin embargo, esto no significa que evites decir la verdad. Efesios 4:15 nos manda decir «la verdad en amor». A veces no se trata tanto de nuestras palabras sino de la *forma* en que se dicen.

Los hombres de Efraín se enojaban y se ofendían con facilidad (Jueces 8:1-3). Aun así, Gedeón aplacó su ira con una palabra humilde. Del mismo modo, podemos crear un clima de calma en nuestros hogares por la forma en que respondemos a los que nos rodean, incluso si no están actuando como deberían.

Las palabras suaves y amables transmiten gracia, fortaleza y ánimo. Prueba hoy decir algunas de estas palabras a las personas que te rodean: *Te amo... Estoy orando por ti... Estoy muy orgullosa de ti... Siento haberte tratado de esa manera... Por favor, perdóname... Te aprecio... ¡Eres una bendición!*

Hazlo personal

Piensa en dos personas con las que interactuarás hoy y anota las palabras amables que les puedes decir.

Señor, hoy te doy gracias por...

Señor, hoy te pido...

Día 23

/ /

DÍA MES AÑO

La última Palabra

**Lámpara es a mis pies tu palabra,
y lumbrera a mi camino.**
SALMO 119:105

Jesús es la *Palabra* viva. Fue activo en la creación y mantiene unido el mundo que Dios creó. Actúa en la redención y en la iluminación. Él es quien ilumina nuestros pasos.

Jesús es la *Palabra eterna* del Dios eterno, la revelación plena y definitiva de Dios a todas las personas. No solo vino para darnos la Palabra de Dios, Él es la *Palabra* misma. Cuando Jesús habla, Dios habla.

Jesús revela el camino al Padre. Él es la *última Palabra* de Dios. ¿Estamos escuchando? ¿Estamos llenando nuestra mente con novelas, programas de televisión y música, o estamos llenando nuestra mente con Jesús?

Gracias a Jesús, podemos conocer al Padre. Pero nunca conoceremos la voluntad de Dios, Sus pensamientos, Su mente o Su corazón más de lo que conocemos a Su Hijo. Si quieres conocer a Dios, debes conocer a Jesús. Si quieres dirección para tu vida, escucha a Jesús. Deja que Dios te hable por medio de Jesús, Su *Palabra* viva y eterna.

Hazlo personal

¿Qué estás haciendo para conocer mejor a Dios a través de Su Hijo? ¿Necesitas deshacerte de algo para darle espacio a Jesús?

Señor, hoy te doy gracias por...

Señor, hoy te pido...

Día 24

/ /
DÍA MES AÑO

Honestidad

Si decimos que tenemos comunión con él, y andamos en tinieblas, mentimos, y no practicamos la verdad.
1 Juan 1:6

El apóstol Juan había conocido el gozo de la profunda comunión con Dios por medio de Cristo, y quería que sus lectores también lo experimentaran. Nos recuerda que cuando encubrimos o rehusamos reconocer el pecado en nuestra vida, nos engañamos a nosotras mismas y no podemos disfrutar de una plena comunión con Dios ni con los demás.

De hecho, ¡la persona que habitualmente encubre su pecado no tiene ninguna seguridad de ser hijo de Dios! La disposición a ser honestas y confesar nuestro pecado es evidencia de una salvación genuina y es vital para experimentar el perdón de Dios y la comunión restaurada cuando pecamos como creyentes.

Dios quiere experimentar una comunión íntima con Sus hijos. Eso es posible solo si somos honestas con Él acerca de la verdadera condición de nuestro corazón. Sin importar lo que hayas hecho, puedes experimentar el gran amor y la sublime gracia de Dios.

Hazlo personal

¿Hay algún pecado en tu vida que estás encubriendo?
Derrama tu corazón delante del Señor con toda honestidad.

Señor, hoy te doy gracias por...

Señor, hoy te pido...

Día 25

/ /
DÍA MES AÑO

Un gran tapiz

¿Con qué limpiará el joven su camino?
Con guardar tu palabra.
SALMO 119:9

El año pasado leí la Biblia tres veces para tener una visión más amplia del plan panorámico de Dios. La vista es magnífica, como la que se contempla desde la cima de una montaña. Hay temas que fluyen como ríos desde Génesis hasta Apocalipsis: en algunos puntos parecen solo un hilo de agua; en otras partes, se convierten en una fuerza poderosa y arrolladora.

Como hilos en un gran tapiz, estos temas se entretejen para formar la incomparable historia de la redención. El plan de Dios para crear y redimir a la raza humana; Su amor, Su misericordia y Su gracia interminables; Su paciencia hacia los pecadores y, sin embargo, Su justo juicio contra los que se niegan a arrepentirse; las artimañas y el persistente odio y rebelión de Satanás contra Dios; los interminables intentos de Satanás de persuadir a las personas para que se unan a él en su sedición; el triunfo final y definitivo de Dios sobre Satanás y Su gobierno eterno sobre los cielos, la tierra y el infierno... Estos son algunos de los temas que han llenado mi visión al contemplar las Escrituras en su totalidad.

Hazlo personal

¿Cuál es uno de tus temas preferidos que ves entretejido a lo largo de las Escrituras?

Señor, hoy te doy gracias por...

Señor, hoy te pido...

Día 26

/ /
DÍA MES AÑO

Llenas de Su amor

Como el Padre me ha amado, *así* también
Yo los he amado; permanezcan en Mi amor.
JUAN 15:9 (NBLA)

Hay cientos de mandamientos en el Antiguo Testamento, pero cuando le pidieron a Jesús que eligiera el más importante, Él dijo: «Ama al Señor tu Dios con todo tu corazón, con toda tu alma, con toda tu mente y con todas tus fuerzas» (Marcos 12:30, NVI). Luego mencionó el segundo: «Ama a tu prójimo como a ti mismo» (v. 31, NVI).

Sin embargo, no somos capaces de amar a Dios y a los demás como se supone que debemos hacerlo. El problema es que nos amamos a *nosotras mismas* en primer lugar. Si queremos amar de verdad a Dios y a los demás, necesitamos Su ayuda. No podemos amar a Dios —ni a nuestra familia y nuestros amigos (por no hablar de los enemigos)— sin que el amor de Dios nos llene y fluya en nosotras.

Necesitamos arraigarnos profundamente en el amor de Dios que hemos recibido por medio de Cristo. A medida que Él derrame Su amor sobre nosotras, podemos convertirnos en canales a través de los cuales Él puede amar a otros. Lo que atraerá a la gente a Cristo, más que todos nuestros argumentos, libros y conferencias, es cuando vean que realmente nos amamos unos a otros.

Hazlo personal

¿Cómo puedes mostrar tu amor por los demás como Él te ama a ti? ¿A quién te resulta difícil amar de esa manera?

Señor, hoy te doy gracias por…

Señor, hoy te pido…

Día 27

/ /
DÍA MES AÑO

Un regalo grande y precioso

Así que mi Dios les proveerá de todo lo que necesiten, conforme a las gloriosas riquezas que tiene en Cristo Jesús.
Filipenses 4:19 (nvi)

La providencia de Dios. La Palabra de Dios describe cómo Él cuida y guía todas las cosas, pero también habla de Su gobierno sabio y soberano sobre todos los detalles de Su creación. Ahora bien, hay que admitir que este es un tema que puede suscitar animadas discusiones, pero básicamente existen dos opciones.

O Dios soberanamente causa y permite todo lo que sucede en nuestras vidas y en este mundo, o se queda cerca y observa con pasividad e impotencia, poco dispuesto o incapaz de hacer algo respecto a lo que sucede.

Yo elijo la opción número uno. ¿Dónde estaríamos sin la certeza de que «Él tiene el mundo entero en sus manos» y que cada detalle de nuestras vidas y nuestros días está ordenado por nuestro Señor omnisciente, sabio y amoroso? Lejos de ser una carga aplastante que deba soportarse o que disminuya nuestro valor, la providencia de Dios es un regalo grande y precioso. Lo que sería una tragedia contundente es ser víctimas indefensas del azar, zarandeadas por las tormentas de la vida. Gracias a Dios, no es así.

Hazlo personal

¿Cómo has visto la providencia de Dios en tu vida? Cuando pasas por dificultades, ¿cómo te ayuda saber que Él tiene el control?

Señor, hoy te doy gracias por...

Señor, hoy te pido...

Día 28

/ /
DÍA MES AÑO

Ondeando la bandera blanca

Así que sométanse a Dios.
Santiago 4:7 (NVI)

Todos comenzamos la vida como miembros de una raza rebelde, peleando nuestra propia guerra personal contra el soberano Rey del universo. Para la mayoría, esa resistencia se desarrolla a lo largo de toda la vida en una historia que podría titularse *No me rindo*.

Algunas personas expresan su resistencia abiertamente, tal vez mediante un estilo de vida de lascivia y perversión desenfrenadas. Otras son más sutiles: son ciudadanos y líderes comunitarios honrados; a veces miembros activos de la iglesia. Pero, en el fondo, todo ser humano tiene una determinación innata de dirigir su propia vida y no está dispuesto a que Cristo, el Rey de reyes, sea su Amo.

La decisión de abandonar la pelea no es un asunto pequeño, sobre todo después de años de resistencia. Rendirse significa nada menos que cambiar radicalmente de estilo de vida. La rendición a Cristo como Salvador y Señor cambia la vida. Ya sea que ondeemos la bandera blanca por primera vez a la edad de 8 años o de 88 años, esa rendición implica una transferencia de lealtad y una transformación de perspectiva que debe afectar todos los aspectos de nuestra vida.

Hazlo personal

¿De qué forma te vas a rendir a Cristo hoy?

Señor, hoy te doy gracias por...

Señor, hoy te pido...

Día 29

/ /
DÍA MES AÑO

¿Por qué ser santa?

Sean santos, porque yo soy santo.
1 Pedro 1:16 (NTV)

Hay momentos en los que pienso: *¡Es duro «ser santa» todo el tiempo! ¿Por qué a veces no me relajo y me tomo las cosas con calma?*

Seamos sinceras, ¿no te resulta mucho más fácil seguir tus impulsos naturales y carnales que reprimir la carne y elegir el camino de la santidad, cada instante de cada día por el resto de tu vida? ¿Por qué tomar a diario las difíciles decisiones que requiere la santidad? Como, por ejemplo:

- Levantarte en la mañana y pasar tiempo con la Palabra de Dios antes de empezar tus quehaceres.
- Apagar ese programa de televisión insinuante o dejar esa novela que ensalza la sensualidad.
- Reconocer que has pecado y pedir perdón por haber hablado mal a ese familiar o por criticar a otro miembro de la iglesia.
- Comer, dormir, vestirse, ir a trabajar, jugar, dar, orar e ir a la iglesia, todo para la gloria de Dios.

Una razón es suficiente: porque quieres agradar al Señor.

Hazlo personal

¿Cuáles son las áreas de tu vida diaria en las que necesitas elegir el camino de la santidad en lugar de dejarte llevar por la corriente?

Señor, hoy te doy gracias por...

Señor, hoy te pido...

Día 30

/ /
DÍA MES AÑO

El poder de la Palabra

Este es mi consuelo en medio del dolor:
que tu promesa me da vida.
SALMO 119:50 (NVI)

La Palabra de Dios tiene poder para guardarnos del pecado (Salmo 119:9, 11), nos fortalece cuando estamos afligidas (v. 28), nos consuela cuando estamos sufriendo (vv. 50, 52), nos hace libres (v. 45), nos da entendimiento e ilumina nuestro camino (v. 105), y nos da paz y nos guarda de tropezar (v. 165).

La Palabra de Dios iluminará tu camino; te ayudará a tomar decisiones correctas; sanará tus heridas y tranquilizará tu corazón; te advertirá del peligro; te protegerá y limpiará del pecado; te guiará; te hará sabia. Es pan; es agua; es un consejero; es vida. Es gratificante; es suficiente; es suprema; es sobrenatural. El autor de este himno lo expresa así:

Santa Biblia, para mí, eres un tesoro aquí...
Tú me enseñas a triunfar de la muerte y el pecar...
Yo que tan indigno soy, por tu luz al cielo voy;
Santa Biblia para mí eres un tesoro aquí.[1]

[1] John Burton, «Holy Bible, Book Divine», *Youth's Monitor in Verse*, 1803; «Santa Biblia para mí», trad. Pedro Castro.

Hazlo personal

¿De qué manera la Palabra ha sido un tesoro para ti en momentos de dificultad o estrés en tu vida?

Señor, hoy te doy gracias por…

Señor, hoy te pido…

Día 31

/ /
DÍA MES AÑO

Grandes beneficios

Bendice, alma mía, al SEÑOR,
y no olvides ninguno de Sus beneficios.
SALMO 103:2 (NBLA)

Una vez, para el programa de *Aviva Nuestros Corazones*, entrevisté a una mujer que había memorizado y meditado en las Escrituras fielmente por más de 50 años. Aquella mujer habló de los muchos beneficios que había recibido como resultado de guardar la Palabra de Dios en su corazón.

Me quedé asombrada cuando dijo que nunca se había deprimido. Explicó que cada vez que se sentía un poco triste o melancólica, empezaba a recitar el Salmo 103. En ese momento de la entrevista, procedió a recitar de memoria el salmo entero, de forma reflexiva y sincera.

Fue una experiencia conmovedora para todos los presentes. Cuando terminó, se hizo un silencio sagrado. Lo primero que pensé fue: *¿Cómo podría caer yo en el desánimo si todas estas bendiciones son nuestras?*

Al reconocer e identificar las bendiciones específicas que hemos recibido de Dios, descubrimos infinidad de razones para expresar gratitud. El salmista se tomó tiempo para bendecir al Señor por cada uno de los beneficios específicos: ¡no quería olvidarse de ninguno de ellos!

Hazlo personal

Anota algunos de los grandes beneficios de guardar la Palabra de Dios en tu corazón.

Señor, hoy te doy gracias por...

Señor, hoy te pido...

Día 32

/ /

DÍA MES AÑO

Aprovecha cada oportunidad

Te agradezco y te alabo, Dios de mis antepasados, porque me has dado sabiduría y fortaleza.

DANIEL 2:23 (NTV)

Para que la gratitud produzca gozo en nuestro corazón, debe expresarse en todo lugar y en todo momento, tanto en privado ante Dios como en público ante los demás. El profeta Daniel es un gran ejemplo bíblico de alguien cuya gratitud abarcaba su vida privada y su vida pública.

Después de orar a Dios para que le mostrara la interpretación correcta del sueño del rey Nabucodonosor, Daniel recibió la revelación sobrenatural de Dios, pero no salió corriendo a decírselo al rey, para consolidar así su posición como el hombre más sabio del reino. Primero hizo una pausa para dar gracias a Dios por la respuesta.

Otra vez cuando el rey Darío decretó que, en el lapso de treinta días, todo aquel que hiciera oración debía dirigirse a él —una trampa que finalmente llevó a Daniel al foso de los leones—, su respuesta reveló el patrón característico de su vida: oraba y daba gracias, «como lo solía hacer antes» (Daniel 6:10). Nada pudo disuadir a Daniel de su práctica habitual de ofrecer oración y acción de gracias, incluso frente a un gran peligro.

Hazlo personal

¿Qué puedes hacer hoy para dar gracias a Dios en cada oportunidad que se te presente?

Señor, hoy te doy gracias por...

Señor, hoy te pido...

Día 33

/ /
DÍA MES AÑO

Necesitamos quebrantarnos

Humíllense delante del Señor
y él los exaltará.
SANTIAGO 4:10 (NVI)

En la economía de Dios, el camino hacia arriba es el camino hacia abajo. Tú y yo nunca encontraremos a Dios en el avivamiento hasta que primero lo encontremos en el quebrantamiento. Nuestras familias nunca serán restauradas hasta que los esposos y las esposas, las madres y los padres y los jóvenes sean quebrantados. Nuestras iglesias nunca serán los testigos poderosos que Dios ha dispuesto que sean en el mundo hasta que sus miembros hayan experimentado el verdadero quebrantamiento.

Este es un mensaje que muchos no están dispuestos a escuchar. La mayoría de nosotras no entra en una librería cristiana y dice: «¿Puede ayudarme a encontrar un libro sobre cómo llorar y lamentarse?». Queremos saber cómo ser restauradas y felices, cómo mejorar nuestra autoestima, cómo sentirnos mejor con nosotras mismas y con nuestras vidas. Pensamos que nuestro problema es que nos sentimos abatidas y deprimidas, y necesitamos que alguien nos haga felices. En cambio, la Palabra de Dios dice: «No, antes de que puedas acercarte a Dios, tienes que encontrar el camino de la humildad». Queremos elevarnos, pero Él dice: «Humíllate... y yo te exaltaré».

Hazlo personal

Escribe una oración para pedir al Señor que te ayude a experimentar el verdadero quebrantamiento.

Señor, hoy te doy gracias por...

Señor, hoy te pido...

Día 34

/ /
DÍA MES AÑO

¿Libre para elegir?

Dios sabe que, en cuanto coman del fruto,
se les abrirán los ojos y serán como Dios,
con el conocimiento del bien y del mal.
GÉNESIS 3:5 (NTV)

Una y otra vez, las Escrituras enseñan que las leyes de Dios son para nuestro bien y nuestra protección; y el camino hacia la libertad es la obediencia.

Sin embargo, Satanás pone en nuestra mente la idea de que las leyes de Dios son una carga, que son irracionales e injustas, y que obedecer a Dios hará nuestras vidas miserables y a nosotras infelices. En el huerto, Satanás hizo que Eva se fijara en la única limitación que Dios les había impuesto. El lema del engañador es: «Hazlo a tu manera. Nadie tiene derecho a decirte lo que debes o no debes hacer».

Así que decididas a «hacer las cosas a nuestra manera», rechazamos las restricciones. Sí, somos libres para elegir nuestro camino, igual que Eva fue libre para comer del fruto prohibido. Pero hay una cosa que no podemos elegir libremente, y son las consecuencias de nuestras acciones.

Creer y obrar conforme a una mentira nos conducirá a la esclavitud. Pero cuando comprendemos que la verdadera libertad es el resultado de la obediencia y empezamos a actuar conforme a esa verdad, las cadenas se rompen.

Hazlo personal

¿Qué mentiras has creído acerca de Dios? ¿Qué consecuencias has experimentado como resultado de ello?

Señor, hoy te doy gracias por...

Señor, hoy te pido...

Día 35

/ /
DÍA MES AÑO

Desde el corazón

El de corazón sabio controla su boca;
con sus labios promueve el saber.
PROVERBIOS 16:23 (NVI)

¿Trivializas a veces tus palabras diciendo cosas como: «¡Ay!, no quería decir eso. Simplemente se me escapó»? Lamentablemente, la verdad es que realmente sí queremos decir lo que sale de nuestra boca; nuestras palabras revelan lo que hay en nuestro corazón.

Pienso en las palabras descuidadas o hirientes que he dicho a familiares, compañeros de trabajo y amigos, palabras de las que me arrepiento y que desearía poder retirar. Pero no puedo retirar mis palabras.

Según la Palabra de Dios, todas pecamos con la lengua (Santiago 3:2); necesitamos confesar nuestro pecado y apartarnos de él. Tenemos que aceptar la responsabilidad de nuestras palabras y la verdad de lo que nuestras palabras revelan acerca de nuestro corazón. Luego, podemos pedir al Señor que cambie nuestro corazón para que podamos hablar palabras edificantes.

Hoy, permite que Dios transforme tu corazón por el poder de Su Espíritu Santo. Cuando tu corazón esté lleno de Él y de Su sabiduría y gracia, hablarás palabras sabias y llenas de gracia que bendecirán e instruirán a los demás.

Hazlo personal

¿Has herido con tus palabras a alguien recientemente? ¿Qué palabras sabias y edificantes debías haber usado en ese momento?

Señor, hoy te doy gracias por...

Señor, hoy te pido...

Día 36

/ /

DÍA MES AÑO

Hijo del Hombre

El Hijo del Hombre no vino para ser servido, sino para servir, y para dar su vida en rescate por muchos.

Mateo 20:28

¿Has pensado alguna vez que Jesús tenía un título favorito para Sí mismo? Las Escrituras parecen indicar que sí: «Hijo del Hombre». Solo en los Evangelios lo encontramos 84 veces, y el título nos muestra mucho acerca de nuestro Salvador.

Primero, nos muestra Su humanidad. Jesús tenía un cuerpo físico, lo que significa que experimentó hambre, sed, cansancio, dolor y tentación.

También nos muestra Su humildad. Normalmente queremos que las personas nos conozcan por nuestro título más impresionante, pero Jesús eligió el más humilde. El título nos habla de por qué vino Jesús: para buscar, salvar, servir y dar Su vida como sustituto de los seres humanos pecadores.

Ser hijas de Dios significa conformamos cada día más a la imagen de Cristo, nuestro Hermano. Es, poco a poco, ir adquiriendo un parecido familiar, pero eterno. Es que nuestras vidas sean cada vez más marcadas por las características de Jesús: la humildad, un corazón servicial y una voluntad de sufrir por los demás, como Cristo sufrió por nosotras.

Hazlo personal

¿Qué lecciones puedes extraer del ejemplo de humildad de Jesús para tus interacciones con los demás en casa? ¿En el trabajo? ¿En la iglesia?

Señor, hoy te doy gracias por...

Señor, hoy te pido...

Día 37

/ /

DÍA MES AÑO

Una cura para la tristeza

¿Por qué te abates, oh alma mía, y por qué te turbas dentro de mí? Espera en Dios.

SALMO 43:5

He hablado con muchas personas que siempre están tristes, decaídas o deprimidas. Los detalles y las razones varían, desde luego; pero cada vez estoy más convencida de que una de las principales razones de la melancolía y la tristeza es no ser una persona agradecida.

Las personas desagradecidas tienden a aferrarse a lo que creen que merecen. Y cuando los demás no actúan como ellos esperan, se sienten con el derecho de exigir y tomar represalias.

Es lo opuesto de lo que vemos en la vida de Rut en el Antiguo Testamento. Después de perder su hogar y su esposo, y de encontrarse sola en Belén en compañía de una suegra amargada, Rut eligió aceptar todo lo que Dios le había dado y expresó gratitud por un simple acto de bondad de Booz. Nunca olvidó que era extranjera y que no merecía el favor de nadie.

Como dijo Matthew Henry: «Cuando no tenemos respuesta a la tristeza y el temor, podríamos recurrir a esto: "Gracias a Ti, oh Señor"»[1].

---

[1] Matthew Henry, *Matthew Henry's Commentary on the Whole Bible: Complete and Unabridged in One Volume*, Regency Reference Library (Grand Rapids, MI: Zondervan, 1961), Matthew XI.

Hazlo personal

¿Cómo puede transformar tu vida el hecho de dar gracias a Dios por todo lo que te ha dado?

Señor, hoy te doy gracias por...

Señor, hoy te pido...

Día 38

DÍA	MES	AÑO

Cuando no perdonamos

Bienaventurados los misericordiosos,
porque ellos alcanzarán misericordia.
Mateo 5:7

He conocido a muchos creyentes a los que les resulta difícil aceptar y experimentar el amor y el perdón de Dios. Una de las principales razones es que se niegan a perdonar a otros. Las palabras de Jesús sobre la falta de perdón son claras y directas. Aun así, las que hemos sido salvadas por gracia, pero sin perdonar a otros de corazón, terminamos buscando excusas y tratando de convencernos de que Él quiso decir algo menos exigente. Pensamos que Él conoce lo profundo que llegan nuestras heridas y, por tanto, no podría esperar de nosotras un perdón total.

La verdad es que no tenemos dónde escondernos. Jesús dijo: «Bienaventurados los misericordiosos, porque ellos alcanzarán misericordia». De ahí podemos suponer que los que *no* son misericordiosos con otros no deberían esperar recibir la bendición que incluye esta promesa.

Cuando rehusamos perdonar, nuestra relación con nuestro Padre celestial se interrumpe. Las Escrituras declaran lo que nuestra propia experiencia confirma: existe una clara conexión entre nuestra disposición a perdonar a otros y nuestra capacidad para experimentar y apropiarnos del perdón de Dios por nuestros pecados.

Hazlo personal

¿Hay alguien a quien debes perdonar?

Señor, hoy te doy gracias por...

Señor, hoy te pido...

Día 39

/ /
DÍA MES AÑO

Nuestra relación con el Padre

Padre, la hora ha llegado.
JUAN 17:1

A lo largo del Antiguo Testamento, solo catorce veces se hace referencia a Dios como Padre, siempre en relación con la nación de Israel. Los judíos de la época de Jesús comprendían que Dios era el Padre de su nación de forma colectiva, pero nunca se habían atrevido a llamar a Dios «nuestro Padre» de manera personal. Dios era demasiado exaltado y santo para eso.

Pero entonces Jesús enseñó a Sus discípulos a orar diciendo: «Padre nuestro». Utilizó la palabra aramea para padre —*abba*—, que es tierna, familiar y cálida. Las personas de aquella época se asombraron de que alguien tuviera la audacia de dirigirse a Dios de ese modo.

Sin embargo, a aquellas personas sorprendidas, Jesús les reveló una relación con Dios que nunca habían experimentado.

No todo el mundo puede orar diciendo: «Padre nuestro», solo los que son hijos suyos por la fe en Jesucristo. Por medio de Su muerte en la cruz, Cristo nos abrió el camino a una relación con Dios como nuestro Padre, dándonos la libertad y la audacia para acercarnos a Él con nuestras peticiones.

Hazlo personal

¿Te acercas a Dios como tu Abba, Padre,
o lo haces como a alguien distante?

Señor, hoy te doy gracias por...

Señor, hoy te pido...

Día 40

/ /
DÍA MES AÑO

Dar gracias públicamente

Yo te daré gracias en la gran asamblea;
ante una multitud te alabaré.
SALMO 35:18 (NVI)

¿Cuán rápida eres para dar gracias a Dios cuando todos te están mirando? ¿Cuánto espacio ocupa la gratitud en tus interacciones con los demás? La gratitud no es simplemente para practicarla en privado, sino para expresarla en público.

¿Has estado alguna vez en uno de esos servicios religiosos o grupos pequeños, por ejemplo, en los que el pastor o el líder pide testimonios de alabanza por la bondad de Dios y, de repente, el lugar se queda en silencio, como si a todos les diera vergüenza hablar o (tal vez) esta fuera la primera vez que les haya pasado por la cabeza agradecer a Dios en toda la semana? A menudo nos apresuramos a compartir nuestras preocupaciones con los demás, pero somos reticentes a expresar nuestra gratitud hacia Dios.

Sin embargo, David, en el Antiguo Testamento, era imparable cuando se trataba de dar gracias públicamente. «Te alabaré entre los pueblos, oh Señor; cantaré de ti entre las naciones» (Salmo 57:9).

Da gracias al Señor en privado y también en público, donde otros puedan oír y recordar la bondad de Dios.

Hazlo personal

Escribe una lista de cosas por las que debes dar gracias a Dios por su bondad. ¿Te sientes cómoda compartiendo esta lista con tus amigos y familiares?

Señor, hoy te doy gracias por...

Señor, hoy te pido...

Día 41

/ /
DÍA MES AÑO

Ceder el control

Porque todo el que quiera salvar su vida, la perderá;
y todo el que pierda su vida por causa de mí, la hallará.
MATEO 16:25

Asumo que la mayoría de ustedes han llegado a ese punto inicial de rendición que la Biblia identifica como nacer de nuevo. Has depositado tu fe en el sacrificio de Cristo por tu pecado, le has cedido el control de tu vida y te has convertido al reino (la dirección) de Dios. Mi esperanza es que comprendas cada vez más lo que significa poner en práctica diariamente las implicaciones de esa rendición.

Sin embargo, es posible que algunas de ustedes nunca hayan llegado a ese punto. Tal vez te hayas considerado cristiana durante mucho tiempo, pero nunca has ondeado la bandera blanca de la rendición a Cristo; nunca has renunciado al derecho de dirigir tu propia vida.

Te pido que reconozcas la necedad e inutilidad de seguirte resistiendo y que empieces a creer y a obedecer el evangelio que dice que Jesús es el Señor. La guerra ha terminado... ¡es hora de entregar tu espada al Rey de reyes!

Hazlo personal

¿Has cedido el derecho de dirigir tu propia vida a Jesús? ¿Por qué sí o por que no?

Señor, hoy te doy gracias por…

Señor, hoy te pido…

Día 42

/ /
DÍA MES AÑO

Infidelidad espiritual

«Pues bien, tú te has prostituido con muchos amantes y ya no podrás volver a mí», afirma el SEÑOR.
JEREMÍAS 3:1 (NVI)

Imagina que tu cónyuge te dice de una manera casual: «Cariño, he estado teniendo una aventura con una mujer del trabajo. Nada serio. Nos hemos acostado un par de veces, pero quiero que sepas que todavía te amo, y espero que te quedes conmigo y sigas satisfaciendo mis necesidades». Peor aún, imagínate que se negara a romper la relación ilícita, y siguiera acostándose con su amante una o dos veces por semana, mes tras mes, año tras año, todo ello insistiendo en que te ama y quiere seguir viviendo contigo.

¿Cuánto tardarías en decirle: «¡No! ¡No puedes tenerme a mí y a ella al mismo tiempo! Tienes que elegir»?

Por desagradables y desgarradores que sean estos escenarios, nos dan una idea de lo que le estamos haciendo a Dios, nuestro Esposo celestial cuando persistimos en «acostarnos» con nuestro pecado al tiempo que afirmamos estar comprometidas en nuestra relación con Él.

¡Oh, que podamos abandonar nuestro pecado y ser leales a Aquel que dio Su vida por nosotras!

Hazlo personal

¿Estás siendo infiel a Dios de alguna manera? ¿Hay algún pecado persistente en tu vida? Pide Su ayuda para protegerte contra futuras infidelidades.

Señor, hoy te doy gracias por...

Señor, hoy te pido...

Día 43

/ /

DÍA MES AÑO

Besa al Hijo

Besen al hijo, no sea que se enoje y sean ustedes destruidos en el camino, pues su ira se inflama de repente.

Salmo 2:12 (nvi)

El «hijo» del Salmo 2 es nada menos que Jesús, el Hijo de Dios, el Rey que Dios ha designado para reinar sobre el mundo.

En el antiguo Oriente, besar la mano o el manto del rey era una forma de honrarlo. Así, besar al Hijo es señal de sometimiento. Significa rendirse a Jesús de todo corazón. Besar al Hijo es también una muestra de amistad. Es acercarse a Él y ofrecerle nuestra adoración, amor y afecto.

Jesús vino a la tierra la primera vez como el humilde Hijo del Hombre, pero cuando venga la segunda vez, será como el instrumento de juicio de Dios. Todo aquel que se haya negado a «besar al Hijo» perecerá eternamente.

El Salmo 2 termina con una palabra de esperanza convincente: «¡Dichosos los que en él buscan refugio!» (v. 12, nvi). Cuando pones tu confianza en Jesús, Él te perdona y puedes esperar Su regreso con gran gozo.

Hazlo personal

¿Cómo puedes «besar al Hijo» hoy y rendirle de todo corazón tu lealtad, respeto, honor y sumisión?

Señor, hoy te doy gracias por...

Señor, hoy te pido...

Día 44

/ /
DÍA MES AÑO

Incluso por las pequeñas cosas

Dando siempre gracias por todo al Dios y Padre, en el nombre de nuestro Señor Jesucristo.

EFESIOS 5:20

A medida que crezcamos en nuestra fe cristiana, espero que seamos más conscientes de la multitud de razones por las que tenemos para ser agradecidas. Recuerdo la ilustración visual del jarro lleno de piedrecitas. El orador pregunta: «¿Dirían ustedes que este jarro está lleno?». Sí. Pero al seguir añadiendo piedras más pequeñas y arena, pronto descubrimos que dentro había más espacio del que pensábamos.

Recuerdo escuchar a un amigo contar cómo, mientras se lavaba los dientes y meditaba en Efesios 5:20-21, le llamó la atención la palabra «todo».

Al recordar la importancia de dar gracias a Dios incluso por esas «pequeñas cosas» que a menudo pasamos por alto, hizo una pausa y dio gracias por, bueno... su cepillo de dientes. Y su dentífrico. Y de paso, dio gracias a Dios por sus dientes, probablemente por primera vez en la vida.

Mi amigo me dijo que también se preguntó: «Si la provisión de mañana dependiera de la acción de gracias de hoy, ¿cuánto tendría mañana?». ¡Algo en qué pensar!

Hazlo personal

¿Cuáles son algunas de las pequeñas cosas por las que puedes dar gracias a Dios ahora mismo?

Señor, hoy te doy gracias por…

Señor, hoy te pido…

Día 45

/ /

DÍA MES AÑO

Cuando luchas con Dios

Jacob se quedó solo, y un hombre luchó con él hasta rayar el alba.

Génesis 32:24 (NBLA)

Jacob era un hombre con una herencia divina y un futuro brillante lleno de las promesas de Dios. Sin embargo, también quería hacer las cosas a su manera. A pesar de tener momentáneas vislumbres de Dios, siempre parecía estar traspasando los límites.

Un día, Jacob se enfrentó a un obstáculo que no podía mover. En cuestión de horas, tendría que encarar a su hermano mellizo Esaú, al que había engañado años atrás y quien ahora venía a su encuentro acompañado de un ejército. Por primera vez, Jacob no podía manipular su forma de resolver o salir de un problema, que era justamente a donde Dios lo quería llevar.

En medio de la noche, Jacob finalmente se quedó solo con Aquel que había estado ingeniando en silencio todas las circunstancias de su vida. En la quietud de aquella larga noche, Jacob luchó con todas sus fuerzas hasta que, agotado, se dio cuenta de que nunca podría controlar a Dios. Con la voluntad quebrantada, la cadera descoyuntada y el nombre cambiado, Jacob salió de aquel divino encuentro como un hombre nuevo.

Hazlo personal

¿Reconoces a Dios como tu Señor y a ti misma como Su sierva? ¿Qué puedes hacer hoy para someterte a Su autoridad en tu vida?

Señor, hoy te doy gracias por...

Señor, hoy te pido...

Día 46

/ /

DÍA MES AÑO

Nunca es imposible

... para Dios todo es posible.
Mateo 19:26

¿Enfrentas una situación en la que el perdón parece imposible? Tal vez pienses que simplemente no puedes perdonar a esa persona por lo que te hizo. Te hirió demasiado profundo.

Pero debemos preguntarnos, ¿existe un nivel de dolor más allá del cual no estemos obligadas a perdonar, uno que hace *imposible* el perdón?

Las Escrituras nos recuerdan que Dios «echará en lo profundo del mar todos nuestros pecados» (Miqueas 7:19). Es el mismo Dios que «[barre] tus rebeliones» y que «no [se acordará más] de tus pecados» (Isaías 43:25), que nos encontró muertas «en pecados» y nos dio «vida juntamente con Cristo» por su «gran amor» por nosotras (Efesios 2:4-5).

Es posible que no sientas un «gran amor» natural hacia la persona que arruinó tu vida; nadie esperaría eso de ti. No obstante, el poder y la belleza de la vida cristiana radican en que «Dios es el que en [ti] produce así el querer como el hacer, por su buena voluntad» (Filipenses 2:13).

Hazlo personal

¿Hay personas en tu vida a quienes parece imposible perdonar? ¿Pídele al Señor que haga posible cualquier situación «imposible» que estés enfrentando hoy.

Señor, hoy te doy gracias por...

Señor, hoy te pido...

Día 47

/ /
DÍA MES AÑO

Mantente firme

No teman; estén firmes y vean la salvación que el Señor hará hoy por ustedes... El Señor peleará por ustedes.
Éxodo 14:13-14 (NBLA)

Uno de los ejemplos más dramáticos de la providencia de Dios en el Antiguo Testamento tuvo lugar cuando los israelitas fueron finalmente liberados de sus captores egipcios. Llegaron a las orillas del Mar Rojo, que no podían cruzar ni rodear, perseguidos por el feroz ejército del faraón.

A pesar de ver cómo el Señor realizaba un milagro tras otro en su favor, temían por sus vidas. Impávido, Moisés les desafió a quedarse quietos y confiar en Dios.

Dios no solo abrió un camino a través del agua, sino que guio a los israelitas por el desierto, proveyéndoles comida, agua, protección y mucho más, hasta que finalmente llegaron a la tierra que les había prometido.

Cuando las cosas parecen desmoronarse, es natural perder el control, dejarse llevar por el miedo, la ira o la desesperación, o intentar solucionar los problemas uno mismo. Pero este momento de tu vida es parte de una historia más grande que Él está escribiendo en ti y a través de ti. Recuerda el Mar Rojo. Mantente firme y mira la salvación del Señor.

Hazlo personal

¿En qué áreas de tu vida te está pidiendo Dios que te quedes quieta y confíes en que Él luchará por ti?

Señor, hoy te doy gracias por...

Señor, hoy te pido...

Día 48

/ /
DÍA MES AÑO

Terreno duro

**Rompan la tierra para sembrar,
porque es tiempo de buscar al Señor.**
Oseas 10:12 (NBLA)

A lo largo de la Biblia vemos cómo Dios busca restaurar a Su pueblo descarriado, una y otra vez. Considera, por ejemplo, al profeta Oseas.

Dios envió a Oseas a profetizar a la nación de Israel. Aunque era el pueblo elegido de Dios, la nación estaba en un triste estado de declive moral y espiritual. Durante años habían disfrutado de las bendiciones de Dios —abundancia material, fuerza militar, relaciones pacíficas con naciones vecinas—, pero aun así se apartaron de Él.

Dejaron de ver a Dios como la fuente de sus bendiciones y prefirieron atribuírselas a sí mismos. Dejaron de adorar a Dios y de amarlo. Lo reemplazaron con ídolos, metas mundanas y riquezas terrenales.

Fue a este pueblo confundido a quien Oseas dirigió repetidas reprimendas y llamamientos. Les advertía que, si no volvían al Señor, vendría el juicio. Esta es la esencia del mensaje del profeta en Oseas 10:12. Si queremos volver a Dios, debemos estar preparados para romper el duro y estéril terreno de nuestra vida espiritual. ¿Cuándo? Ahora.

Hazlo personal

¿Qué «terreno duro» existe en tu vida espiritual?
Pídele a Dios que te ayude a romperlo.

Señor, hoy te doy gracias por...

Señor, hoy te pido...

Día 49

/ /
DÍA MES AÑO

Poderoso para salvar

Porque un Niño nos ha nacido, un Hijo nos ha sido dado... se llamará... Dios Poderoso.

Isaías 9:6 (nbla)

Los primeros capítulos de la profecía de Isaías pintan un cuadro oscuro y sombrío, pero luego viene una transformación espectacular. El niño prometido sería un guerrero poderoso. Cristo es el cumplimiento de esta profecía. Es el Dios que vence y prevalece.

Este Dios es omnipotente. Es capaz de transformar la angustia en alegría. Es poderoso para liberar a Su pueblo de sus opresores. Tiene toda la fuerza necesaria para intervenir, redimir, liberar y salvar.

Él quebranta el poder del mal en nuestras vidas. Su poder nos permite decir «no» al pecado y «sí» a Dios. Nos libera de la vergüenza, la culpa y la esclavitud de pecados pasados. Jesús es poderoso para preservarnos del pecado, de Satanás y de nosotras mismas.

Nada es demasiado difícil para Él. No hay nadie que Jesús no pueda salvar. No hay corazón tan duro que Él no pueda cambiarlo. ¡Él es el Dios Poderoso!

Hazlo personal

¿Confías en Él como el Dios Poderoso? ¿Cómo puedes afirmar Su poder sobre todas las áreas de tu vida?

Señor, hoy te doy gracias por...

Señor, hoy te pido...

Día 50

/ /
DÍA MES AÑO

Oraciones equilibradas

Exhorto ante todo, a que se hagan rogativas, oraciones, peticiones y acciones de gracias, por todos los hombres.
1 Timoteo 2:1

No hay nada malo en ser totalmente sinceras con Dios, implorándole que nos ayude y nos sane. Pero orar es más que pedir. Es un instrumento de adoración y gratitud.

Piensa en la composición general de tus oraciones. ¿Están desequilibradas con demasiadas peticiones? ¿Están plagadas de quejas sobre tus circunstancias actuales? ¿O incluyen expresiones de gratitud?

Estas son preguntas importantes que debemos hacernos, no para desalentar nuestra sinceridad o negar la realidad, sino para entrenar nuestros corazones a ver todo lo que pasa en nuestras vidas dentro del contexto de la bondad y la bendición de Dios. No debemos olvidar Sus bendiciones mientras lidiamos con nuestros problemas. Incluso, antes de vislumbrar Su respuesta a nuestras peticiones, démosle gracias por estar ahí, por escucharnos, por obrar todas las cosas según Su voluntad.

Debemos procurar que nuestras «acciones de gracias» sean tan específicas, sinceras y extensas, como lo son nuestras «rogativas» y «peticiones». Haz que tus oraciones desborden de gratitud, y verás que orar «sin cesar» (1 Tesalonicenses 5:17) se convertirá en una experiencia diaria maravillosa.

Hazlo personal

¿Crees que están equilibradas tus oraciones?
¿Por qué sí o por qué no?

Señor, hoy te doy gracias por…

Señor, hoy te pido…

Día 51

/ /
DÍA MES AÑO

Creencia y comportamiento

Pero tú habla lo que está de acuerdo
con la sana doctrina.
Tito 2:1

Mi amiga Holly Elliff es esposa de pastor, madre de ocho hijos y tiene un ministerio vibrante. Pero hubo un tiempo cuando enseñanzas basadas en una mala doctrina pusieron en riesgo el deseo de Holly de experimentar una vida cristiana abundante.

Holly había empezado a creer que, si hacía todo lo posible por ser una buena cristiana, si oraba y leía la Biblia, Dios le daría una vida libre de preocupaciones. Puedes imaginarte cómo se sacudió el mundo de Holly cuando los problemas comenzaron a llegar.

Después de dar a luz a dos hijos, sufrió un aborto espontáneo. Su siguiente hijo fue lesionado al nacer y requirió meses de terapia. Entonces un grupo influyente comenzó a causar división en su iglesia y a criticar a su esposo.

Si tuvieras el mismo punto de vista doctrinal que Holly, ¿cómo hubieras respondido a estas circunstancias?

Toda esta experiencia desafió a Holly a construir un fundamento sólido para su vida mediante el estudio de la Palabra para conocer realmente a Dios. El fruto de esa decisión ha sido extraordinario y hermoso.

Hazlo personal

¿Has creído en alguna doctrina equivocada?
¿Cuál fue y cómo afectó tu manera de vivir?

Señor, hoy te doy gracias por...

Señor, hoy te pido...

Día 52

/ /
DÍA MES AÑO

El cielo gobierna

Tu reino te quedará firme, luego que reconozcas que el cielo gobierna.
DANIEL 4:26

«El cielo gobierna». Ninguna frase late tanto en mi mente y en mi corazón que esta. La tengo en la foto del protector de pantalla de mi teléfono. Está impresa en la taza que uso cada mañana. Aparece en una obra de arte que cuelga en mi estudio.

«El cielo gobierna» es una verdad calibradora que sitúa nuestra visión de Dios, de nosotras mismas y de nuestros problemas en la perspectiva correcta.

Me encanta estar rodeada de recordatorios de esta verdad sencilla pero profunda. Se ha convertido en fundamental para mi forma de ver todas las Escrituras y toda la vida. Cuando me he encontrado en aguas turbulentas, ha sido tanto un ancla como un salvavidas para mi alma.

Mi esperanza es que la promesa y la perspectiva contenidas en la frase se arraiguen profundamente en tu ser, que te den consuelo y valor en cada momento doloroso de tu vida, y que se conviertan en tu respuesta automática y confiada a cada acontecimiento problemático en este mundo nuevo, que parece estar al revés.

Hazlo personal

Cuando adoptes la perspectiva de «el cielo gobierna», ¿cómo puede esto cambiar la forma en la que enfrentas las situaciones difíciles en tu vida?

Señor, hoy te doy gracias por...

Señor, hoy te pido...

Día 53

/ /

DÍA MES AÑO

Una «escalera» segura

Cualquiera, pues, que me oye estas palabras,
y las hace, le compararé a un hombre prudente,
que edificó su casa sobre la roca.

MATEO 7:24

Mi esposo Robert es muy hábil con sus manos y un constructor aficionado. A lo largo de los años, algunos de sus proyectos han requerido que trabaje a gran altura. Sin embargo, Robert reconoce que tiene pavor a las alturas. Si le pides que suba a una escalera, sus rodillas se convierten en gelatina.

¿Cómo hace frente a su miedo? «Es fácil», dice. «Nunca subo a una escalera hasta estar seguro de que me he tomado el tiempo necesario para nivelar las patas en un lugar perfectamente sólido».

Es una metáfora perfecta de mi deseo de reflejar la hermosura del evangelio. Espero que ese sea también tu deseo, pero tal vez el punto de partida no sea el que esperas.

Puede que te sientas tentada a seguir adelante, buscando herramientas prácticas que te ayuden a convertirte en una persona más piadosa. Pero primero necesitas asegurar tu «escalera» aprendiendo la doctrina antes de ponerla en práctica en tu vida diaria.

La doctrina —lo que creemos— es fundamental para nuestra forma de vivir. Si la pasas por alto, nunca llegarás a donde quieres ir.

Hazlo personal

¿Por qué crees que la doctrina es tan importante? ¿Qué pasos puedes dar para asegurarte de que tu doctrina es «segura»?

Señor, hoy te doy gracias por...

Señor, hoy te pido...

Día 54

/ /
DÍA MES AÑO

Llenas del Espíritu

El espíritu es el que da vida.
JUAN 6:63

Si eres hija de Dios, el Espíritu Santo vive en ti y quiere llenar cada parte de ti: tus palabras, tus acciones, tus actitudes, tu día, tu noche, ¡tu todo!

Cuando dependes del Espíritu, el poder sobrenatural de Cristo se manifiesta en y a través de nuestras vidas. No podemos hacer lo que Dios nos ha llamado a hacer sin estar llenas de Su Espíritu. Es una forma de vida continua.

En el Museo Corrie ten Boom en Holanda, encontramos esta frase en un cartel: «Tratar de hacer el trabajo del Señor con tus propias fuerzas es el más confuso, agotador y tedioso de todos los trabajos. Pero cuando estás lleno del Espíritu Santo, el ministerio de Jesús fluye de ti».

Estar «llena del Espíritu» no significa tener una experiencia emocional asombrosa o experimentar manifestaciones visibles. Sino que esto te viene por la fe, de la misma manera que has conocido y recibido a Cristo. Cuando le pides a Dios que te llene con Su Espíritu, cree por fe que lo está haciendo.

Hazlo personal

¿Cómo puedes depender del poder del Espíritu Santo (y no de tus propias fuerzas) para vivir la vida cristiana y servir a Dios?

Señor, hoy te doy gracias por...

Señor, hoy te pido...

Día 55

/ /
DÍA MES AÑO

Esfuerzo intencional

Aunque la higuera no florezca, ni en las vides haya frutos... con todo, yo me alegraré en Jehová.
HABACUC 3:17-18

A lo largo de los años he procurado hacer de la gratitud un estilo de vida. Sin embargo, si no soy diligente en poner en práctica la gratitud, con demasiada facilidad me dejo llevar por la contracorriente de la vida en un mundo caído. Mi vida empieza a parecerme dura, agotadora y abrumadora.

En esos momentos en que siento que me estoy hundiendo, he descubierto que la gratitud es mi salvavidas. Incluso en las aguas más turbulentas, escoger la gratitud me rescata de mis emociones descontroladas. Me mantiene a flote en la gracia de Dios y evita que me hunda en lo que, de otra manera, sería mi tendencia natural hacia las dudas, el desánimo y la ansiedad.

Con el tiempo, escoger agradecer significa elegir el gozo, pero no se consigue sin esfuerzo e intencionalidad. Es una decisión que requiere renovar constantemente tu mente con la verdad de la Palabra de Dios, determinar que tu corazón se deleite en Dios y Sus dones, y disciplinar tu lengua para decir palabras que reflejen Su bondad y Su gracia, hasta que un espíritu de agradecimiento se convierta en tu respuesta automática ante todo en la vida.

Hazlo personal

¿Cómo puedes escoger agradecer hoy, de forma intencional, tanto en las cosas buenas como en las difíciles?

Señor, hoy te doy gracias por...

Señor, hoy te pido...

Día 56

/ /
DÍA MES AÑO

Esconderse de Dios

Porque [los] ojos [de Dios] están sobre los caminos del hombre, y ve todos sus pasos.
Job 34:21

Adán y Eva fueron los primeros en tratar de esconder su pecado. Después de tomar parte de lo que Dios había prohibido, perdieron su inocencia y descubrieron su culpa y su desnudez. Inmediatamente se dispusieron a ocultarse, buscando formas de mezclarse con el paisaje.

¿Has pensado alguna vez lo ridículo que era para ellos esperar que un árbol o un arbusto los escondiera de Dios? ¿Has pensado alguna vez lo ridículo que es para nosotras creer que guardando silencio sobre nuestro pecado podemos despistar a Dios?

Por supuesto, Dios sabía exactamente dónde estaban Adán y Eva: lo había visto todo. Sabía lo que habían hecho y sabía dónde se escondían.

En Su fidelidad, Dios les da a Sus hijos descarriados oportunidades para arrepentirse. Él quiere que rompamos el silencio y admitamos nuestros errores. Sea como sea la manera en que Dios decida llamar nuestra atención, la mejor respuesta a Él es una respuesta honesta. La honestidad es liberadora.

Hazlo personal

¿Cómo puede la honestidad acerca de tu pecado abrirte la puerta para experimentar la asombrosa gracia de Dios?

Señor, hoy te doy gracias por...

Señor, hoy te pido...

Día 57

/ /
DÍA MES AÑO

Lo opuesto del quebrantamiento

Acérquense a Dios y él se acercará a ustedes.

Santiago 4:8 (NVI)

Creo que una de las razones por las que muchos creyentes temen la idea del quebrantamiento es que tienen ideas falsas acerca de su verdadero significado. Como sucede en muchas otras áreas, nuestra idea del quebrantamiento y la idea que tiene Dios son, por lo general, bastante diferentes.

Algunas personas piensan que el quebrantamiento significa estar siempre triste o melancólico. Suponen que se muestra con un semblante abatido. Imaginan que las personas quebrantadas nunca sonríen. En realidad, el quebrantamiento lleva a una liberación que produce un profundo sentimiento de gozo y paz.

Otros piensan que el quebrantamiento es una autoevaluación nociva: «¡Pobre de mí! He confesado todos los pecados que se me han ocurrido, pero seguro que olvidé alguno. Oh, ¡no soy más que un gusano!». Este tipo de «confesión» puede conducir a una falsa humildad, en la que la persona se rebaja tanto que es incapaz de recibir afirmación, ánimo o estímulo genuinos. La falsa humildad y la autoevaluación nociva son, de hecho, lo opuesto del quebrantamiento, porque revelan que la persona se preocupa más por sí misma que por Cristo.

Hazlo personal

¿Estás experimentando el verdadero quebrantamiento en tu vida o existe alguna señal de falsa humildad o de autoevaluación nociva?

Señor, hoy te doy gracias por...

Señor, hoy te pido...

Día 58

/ /
DÍA MES AÑO

Una novia en preparación

Lo hizo para presentársela a sí mismo como una iglesia gloriosa, sin mancha ni arruga ni ningún otro defecto. Será, en cambio, santa e intachable.
EFESIOS 5:27 (NTV)

Así como un novio terrenal espera ansiosamente el momento en que su novia camina por el pasillo hacia el altar para encontrarse con él, hermosamente ataviada con un vestido de novia blanco y sin mancha, así el Señor Jesús espera el día en que nos presentaremos ante Él, libres de toda mancha, vestidos con Su justicia, para ser Su santa novia para siempre.

Así como una mujer comprometida se prepara ansiosa y amorosamente para su boda, deseosa de estar lo más hermosa posible para su novio, así el pensamiento de estar casada con nuestro santo Novio debería motivarnos a pasar nuestras vidas aquí en la tierra en busca de la santidad que sabemos es nuestro verdadero propósito y Su gran deseo para Su novia.

Cuando considero el propósito de haber sido creada y mi destino final, cuando recuerdo que soy una novia espléndida y pura en preparación, me siento inspirada a buscar intencionalmente la santidad, en anticipación de ese día glorioso en el que finalmente seré santa por completo.

Hazlo personal

¿Cómo afecta a tus decisiones de hoy el saber que algún día estarás ante tu Novio celestial? ¿Cómo puedes buscar la santidad ahora mismo?

Señor, hoy te doy gracias por...

Señor, hoy te pido...

Día 59

/ /
DÍA MES AÑO

No hay atajos

Con tus buenas obras, dales tú mismo ejemplo en todo. Cuando enseñes, hazlo con integridad y seriedad.

Tito 2:7 (NVI)

Llegar a ser una «anciana piadosa» ha sido una de mis metas desde que tengo memoria. Incluso cuando era adolescente me daba cuenta de que las decisiones que tomaba entonces contribuirían a mi vida como estudiante universitaria, como joven adulta, como mujer de mediana edad y, finalmente, como ancianita.

Sin embargo, me doy cuenta de que no hay atajos para adquirir las cualidades de una «anciana piadosa». Hay que cultivarlas con el tiempo y sazonarlas lentamente para que adquieran su sabor y aroma.

Esta es la verdad: las «ancianas piadosas» más asombrosas que conoces probablemente se tomaron en serio ser mujeres jóvenes piadosas. Así que el mensaje de Tito 2 es para todas nosotras, ancianas y jóvenes.

A medida que profundicemos en sus tesoros, veremos cómo las ancianas de la iglesia florecen al permanecer junto a mujeres más jóvenes y cómo las jóvenes pueden encontrar una visión inspiradora de su carácter y utilidad a largo plazo al mirar las vidas y los rostros de sus hermanas espirituales mayores.

Hazlo personal

¿Cómo afectaron las decisiones que tomaste cuando eras más joven a lo que eres hoy?

Señor, hoy te doy gracias por...

Señor, hoy te pido...

Día 60

/ /

DÍA MES AÑO

Por la gracia

«¡Saludos, mujer favorecida! ¡El Señor está contigo!». Confusa y perturbada, María trató de pensar lo que el ángel quería decir.

LUCAS 1:28-29 (NTV)

Repetidamente en las Escrituras, vemos que Dios no elige usar a personas porque sean dignas. Por ejemplo, cuando Dios escogió a María para ser la madre de Jesús, no miró desde el cielo y dijo: «Veo a una mujer que tiene algo que ofrecerme; creo que la usaré».

María no merecía ser utilizada por Dios; al contrario, se maravilló de la gracia de Dios. No fue elegida para ser la madre de Jesús porque fuera digna de tal honor. El ángel le dijo a María: «¡Saludos, mujer favorecida!». Esa frase podría traducirse: «tú que eres aceptada por gracia». Si alguna de nosotras va a ser aceptada por Dios, será por gracia, no por nada que hayamos hecho.

En el momento en que dejemos de vernos como instrumentos inmerecidos, lo más probable es que dejemos de ser útiles a los propósitos de Dios.

Hazlo personal

¿Estás tratando de hacerte digna de ser usada por Dios? Agradece a Dios que somos aceptadas únicamente por Su gracia.

Señor, hoy te doy gracias por...

Señor, hoy te pido...

Día 61

/ /
DÍA MES AÑO

Tú decides

Estos son murmuradores, criticones,
que andan tras sus *propias* pasiones.
Judas 1:16 (NBLA)

¿Cuáles son las implicaciones de ser agradecida o desagradecida? Es la diferencia entre saber aprovechar la vida y desperdiciarla; entre clamar «A Dios sea la gloria» y perseguir la gloria personal; entre una bendita seguridad y una amargura segura.

Es una diferencia que vives en las decisiones que tomes a diario, en las que tomas casi sin pensar.

Pagamos un precio enorme por nuestra ingratitud. Después de décadas de ministrar a personas que sufren, he llegado a la conclusión de que la falta de agradecimiento es la causa de gran parte de la tristeza, la desesperanza y el desaliento que tanto predominan hoy entre los creyentes. Creo que muchos de los pecados que arruinan nuestra sociedad se remontan a esa persistente raíz de ingratitud que rara vez reconocemos.

Necesitamos cultivar desesperadamente una «actitud de gratitud» en nuestros corazones y hogares. Su presencia trae consigo muchas otras bendiciones, pero su ausencia tiene graves repercusiones.

Hazlo personal

¿Cómo afecta a tu vida la falta de gratitud? ¿Cómo puedes elegir hoy una actitud de gratitud?

Señor, hoy te doy gracias por...

Señor, hoy te pido...

Día 62

/ /
DÍA MES AÑO

Él nos ama

Pero Dios demuestra su amor por nosotros en esto: en que cuando todavía éramos pecadores, Cristo murió por nosotros.
ROMANOS 5:8 (NVI)

No es un asunto trivial caer en la mentira de que «Dios no me ama». Las consecuencias de esta manera de pensar afectan todas las áreas de nuestra vida y nuestras relaciones con los que nos rodean. Esos pensamientos son como pequeñas semillas que han echado raíz en nuestra mente y luego crecen y producen una gran cosecha.

La verdad es que Dios *sí* nos ama. No importa si nos sentimos amadas o no, no importa lo que hayamos hecho o de dónde vengamos, Él nos ama con un amor infinito e inexplicable.

Dios nos ama porque Él es amor. Su amor no se basa en nada que hayamos hecho o podamos hacer por Él. No se basa en nuestros logros. No merecemos Su amor y jamás podríamos ganarlo.

Las Escrituras dicen que aun siendo Sus enemigas, *Él nos amó*. Nos amó en la eternidad pasada; Él nos amará por toda la eternidad futura. No hay nada que podamos hacer para que Él nos ame menos, ni para que Él nos ame más.

Hazlo personal

¿Cómo influye en tu vida saber que Dios te ama de manera incondicional?

Señor, hoy te doy gracias por...

Señor, hoy te pido...

Día 63

/ /

DÍA MES AÑO

Amigo de pecadores

Y los fariseos y los escribas murmuraban,
«Este recibe a los pecadores y come con ellos».
LUCAS 15:2 (NBLA)

Irónicamente, «Amigo de pecadores» es un nombre dado a Jesús por Sus enemigos (Mateo 11:19). ¿Quiénes eran estos pecadores con los que Jesús comía? Eran los marginados de la sociedad judía: los impuros ceremoniales, los prestamistas, las prostitutas y los que se ganaban la vida con dinero mal habido.

Los fariseos se escandalizaron de que Jesús se juntara con gente que no vivía según las reglas. Jesús les dio una respuesta contundente: «Los sanos no tienen necesidad de médico, sino los enfermos. No he venido a llamar a justos, sino a pecadores» (Marcos 2:17). Jesús vino a sanar a los que estaban espiritualmente enfermos por el pecado. Los fariseos no se daban cuenta de que estaban tan necesitados de sanidad espiritual como los pecadores a los que evitaban.

A lo largo de los Evangelios vemos que Jesús recibió a los pecadores y les tendió la mano, y los pecadores recibieron a Jesús y le respondieron. Es una imagen asombrosa de la redención. Presagia el día en que una multitud de todas las naciones se sentarán todos juntos y comerán con Él en la cena de las bodas del Cordero.

Hazlo personal

¿Qué significa para ti que Jesús es «Amigo de pecadores»?
¿Cómo te ha sanado Él de la enfermedad del pecado?

Señor, hoy te doy gracias por...

Señor, hoy te pido...

Día 64

/ /
DÍA MES AÑO

Acceso inmediato

Puesto que tenemos confianza para entrar al Lugar Santísimo por la sangre de Jesús… acerquémonos con corazón sincero, en plena certidumbre de fe.

Hebreos 10:19, 22 (nbla)

Si tú y yo llegáramos a la puerta de la Casa Blanca, no nos dejarían entrar a ver al presidente. Pero cuando nos acercamos a la sala del trono del Dios del universo, tenemos acceso inmediato. Si eres hija de Dios, tienes acceso a Dios en virtud de la muerte de Cristo en la cruz.

Poder llamarlo nuestro Padre significa que, cuando nos acercamos a Él, no tenemos que atemorizarnos. Podemos acercarnos a Él con confianza. Por la fe en Cristo, nos convertimos en hijas de Dios y podemos confiar en que Él hará lo que le pidamos en cualquier asunto que forme parte de Su voluntad.

Eso no significa que Él nos dará todo lo que le pidamos, pero nos concederá cualquier cosa que esté de acuerdo con Su carácter y Su voluntad, y para nuestro bien.

Hazlo personal

¿Cómo te acercas a Dios cuando te presentas ante Él?

Señor, hoy te doy gracias por...

Señor, hoy te pido...

Día 65

/ /
DÍA MES AÑO

Gobernador de todo

El Señor ha hecho de los cielos su trono;
desde allí gobierna todo.
Salmo 103:19 (NTV)

Cuando digo que «el cielo gobierna», me refiero a que «Dios gobierna». Él gobierna sobre el curso de la historia, sobre cada rey y reino, sobre cada parte de Su creación. Es una verdad destinada a infundir un temor saludable dentro de cada corazón orgulloso, que aspira gobernarse a sí mismo y que cree que los seres humanos podemos determinar nuestro propio destino.

Dios es bondadoso, no cruel, cuando nos recuerda quién está al mando y lo hace a cualquier costo que considere necesario para llamar nuestra distraída atención.

Pero esta misma verdad que nos corrige también está destinada a consolarnos, tranquilizarnos y liberarnos. «El cielo gobierna» significa que Él es soberano sobre todo lo que nos toca, que nada nos llega sin Su deseo de usarlo para nuestro bien y para Su gloria y para que participemos de las cosas mayores que diseñó para nosotras. Él gobierna sobre cada diagnóstico y cada pronóstico, sobre cada ganancia y cada pérdida, sobre las dificultades más desalentadoras, así como sobre los detalles aparentemente más insignificantes de nuestras vidas.

Hazlo personal

¿Cómo te reconforta saber que Dios gobierna sobre las situaciones difíciles a las que te enfrentas hoy?

Señor, hoy te doy gracias por…

Señor, hoy te pido…

Día 66

/ /

DÍA MES AÑO

Una historia que contar

Los ancianos deben ser... sanos en la fe, en el amor, en la perseverancia.

TITO 2:2 (NBLA)

«Sanos en la fe» significa, literalmente, sanos en *la* fe: arraigados en la verdad de la Palabra de Dios y capaces de afirmar por experiencia la integridad de las promesas de Dios.

Pienso en Josué, de pie ante el pueblo de Israel casi al final de su vida, declarando: «Dentro de poco moriré, seguiré el camino de todo ser viviente en este mundo. En lo profundo del corazón, ustedes saben que cada promesa del SEÑOR su Dios se ha cumplido. ¡Ni una sola ha fallado!» (Josué 23:14, NTV).

Las palabras de Josué revelan una confianza inquebrantable en Dios y en Su Palabra. No se limitaba a hablar de algo que había oído, sino que daba testimonio de algo que conocía de primera mano.

Lo que has aprendido de la naturaleza y los caminos de Dios a lo largo de tu vida, por muy incapaz que te sientas, vale la pena transmitirlo a otras personas, especialmente a las que vienen detrás de ti. Dondequiera que hayas visto a Dios mostrarse fiel, dondequiera que Su Palabra te haya sostenido y proporcionado la dirección que necesitabas, y sí, incluso dondequiera que hayas experimentado las consecuencias de no caminar de acuerdo con Su Palabra, ahí está tu historia para contar a otras personas.

Hazlo personal

¿Cómo ha demostrado Dios Su fidelidad a lo largo de tu vida? ¿Cómo puedes transmitir ese conocimiento a las personas que te rodean?

Señor, hoy te doy gracias por...

Señor, hoy te pido...

Día 67

/ /
DÍA MES AÑO

Cristiana de tiempo completo

No es que ya lo haya conseguido todo o que ya sea perfecto. Sin embargo, sigo adelante esperando alcanzar aquello para lo cual Cristo Jesús me alcanzó a mí.

FILIPENSES 3:12 (NVI)

Hace años, un líder comunista dijo: «Debemos entrenar a hombres y mujeres que dediquen a la revolución no solo sus tardes libres, sino toda su vida». La causa de Cristo es mucho más grande que cualquier revolución social o política. La idea de una jornada laboral de ocho horas, y «el resto del tiempo para mí», debe ser ajena a un cristiano.

Esto no significa que alguien dedicado a Cristo jamás descanse. Significa que toda su vida pertenece a Cristo y está dedicada a agradarle. A medida que envejezco, analizo más detenidamente cada aspecto de mi vida a la luz de su valor en la eternidad. De vez en cuando, siento que el Señor me dirige a reducir, o eliminar, ciertas actividades que me quitan tiempo para seguirlo a Él y para hacer una inversión eterna en las vidas de otras personas.

Hazlo personal

¿Tu uso del tiempo libre y tu elección de actividades revelan un compromiso con Cristo y Su reino? ¿Hay algo que debes cambiar?

Señor, hoy te doy gracias por…

Señor, hoy te pido…

Día 68

/ /
DÍA MES AÑO

No es cosa de risa

La gente chismosa revela los secretos;
la gente confiable es discreta.
Proverbios 11:13 (NVI)

Me reí al ver un viejo episodio de *Yo amo a Lucy*, en el que Lucy terminaba de hablar con Ethel por teléfono, y Ricky le preguntaba a Lucy: «¿Estabas contando chismes?».

Lucy respondió: «*¿Yo? ¿Contando chismes?* Prefiero pensar que es un "intercambio mutuo de información vital". De todos modos, era *ella* la que estaba contando chismes; yo solo la escuchaba».

Aunque Lucy nos parezca divertida, contar chismes no es cosa de risa. Las Escrituras nos dicen que la gente chismosa no es confiable y revela información confidencial. Antes de repetir información, pregúntate: «¿La persona que compartió originalmente la información (o petición de oración) me daría permiso para repetirla?».

Proverbios 17:4 dice: «Los malhechores están ansiosos por escuchar el chisme; los mentirosos prestan suma atención a la calumnia» (NTV). No solo está mal contar chismes, sino también escucharlos.

Cuando difundimos chismes o calumnias sobre otra creyente, en realidad estamos pecando contra nuestro propio cuerpo porque, como cristianas, todas formamos parte del cuerpo de Cristo.

Hazlo personal

Piensa en tus conversaciones esta semana. ¿Escuchaste o difundiste algún chisme? ¿Reconoces que esto es pecado? Pide perdón a Dios, y si es necesario, a la persona a quien has difamado.

Señor, hoy te doy gracias por...

Señor, hoy te pido...

Día 69

/ /
DÍA MES AÑO

El problema de la justicia

No hay un solo justo, ni siquiera uno.
ROMANOS 3:10 (NVI)

¿Te has enojado alguna vez por un mal servicio mientras viajabas? Algunos de los discípulos de Jesús sí que lo hicieron. Iban de camino a Jerusalén y, cuando llegaron a un pueblo samaritano, les negaron la entrada. Jacobo y Juan le preguntaron a Jesús: «¿Quieres que hagamos bajar fuego del cielo para que los consuma?». La Biblia dice que Jesús «se volvió a ellos y los reprendió» (ver Lucas 9:51-55, NTV).

Este incidente se produjo después que los discípulos discutieron sobre cuál de ellos era el más importante. Eran culpables de orgullo y ambición egoísta, pero se apresuraban a pedir justicia cuando percibían el pecado en otros.

Tú y yo, como discípulas de Jesús, somos pecadoras. Podemos caer fácilmente en el tipo de reacciones vengativas y faltas de amor que causaron tantos problemas a Jacobo y Juan.

Si Dios diera a cada uno lo que se merece, los discípulos habrían sido consumidos por el fuego junto con el pueblo samaritano. Y la justa ira de Dios nos aplastaría a ti y a mí.

Dios es el único apto para juzgar, porque solo Dios es perfecto.

Hazlo personal

¿Qué situación injusta estás enfrentando hoy? ¿Cuál es tu actitud? Pídele al Señor que te ayude a tener una actitud de humildad y amor.

Señor, hoy te doy gracias por…

Señor, hoy te pido…

Día 70

/ /
DÍA MES AÑO

El Dios Poderoso

¿Quién es este Rey de la gloria? El Señor, fuerte y poderoso, el Señor, poderoso en batalla.

Salmo 24:8 (nbla)

Es asombroso que el Dios Poderoso se humillara y se convirtiera en un bebé indefenso. Se convirtió en humano y habitó entre nosotros, y durante ese tiempo descorrió el velo para mostrar Su poder. Calmó tormentas, perdonó pecados y sanó enfermedades. Alimentó a miles de personas con la comida de un niño. Resucitó a los muertos.

Más tarde, en la cruz, Jesús venció al pecado, a Satanás y al infierno, y llevó a cabo la poderosa obra de la redención. Luego se libró de los grilletes de la muerte y salió de la tumba porque Él es el Dios Poderoso.

Ese mismo Dios Poderoso lleva nuestras cargas, nos sostiene en nuestras aflicciones y nos capacita para resistir el poder de la tentación. Nos ha librado del castigo del pecado y sigue protegiéndonos de su poder. Y un día eliminará por completo la presencia del pecado en nuestra vida. Él nos da fuerzas para servirle cuando estamos débiles y cansadas. Él nos da el deseo y el poder para obedecerle cuando somos arrastradas por el mundo. ¡Él es el Dios Poderoso!

Hazlo personal

¿Cómo te ayuda a enfrentar hoy los retos y las dificultades en tu vida saber que Él es el Dios Poderoso?

Señor, hoy te doy gracias por...

Señor, hoy te pido...

Día 71

/ /
DÍA MES AÑO

En su sano juicio

El obispo tiene a su cargo la obra de Dios y por lo tanto, debe ser... hospitalario, amigo del bien, sensato, justo, santo y disciplinado.
TITO 1:7-8 (NVI)

«Disciplinado» viene de la palabra griega *sófron*, que deriva de dos palabras, una que significa «salvo» o «sano», y la otra que significa «mente». Ser disciplinada es actuar con una «mente salva» o una «mente sana»: vivir con sensatez.

Curiosamente, la última parte de la palabra —*fron*— está relacionada con la palabra griega moderna para frenos de un automóvil. La persona disciplinada sabe cómo frenar sus deseos e impulsos. Sabe dominarse bajo el control del Espíritu Santo. Se gobierna a sí misma y disciplina su mente, sus pasiones, sus deseos, su comportamiento.

No existen atajos para adquirir esta característica. Cada una de nosotras sabe por experiencia lo obstinada y resistente que puede ser nuestra voluntad humana. Nos resistimos por naturaleza no solo a los intentos de otros de guiarnos y dirigirnos, sino también a nuestros propios esfuerzos. Por eso, las mujeres jóvenes necesitan modelos de mujeres mayores que hayan experimentado el reto de ejercer *sófron*, pero que también puedan mostrar con su vida cómo es esta cualidad y cómo se cultiva.

Hazlo personal

¿Es tu vida un ejemplo de «dominio propio» para los demás? ¿En qué áreas necesitas pedirle ayuda a Dios para vivir bajo el control del Espíritu Santo?

Señor, hoy te doy gracias por...

Señor, hoy te pido...

Día 72

/ /

DÍA MES AÑO

Devocionales o devoción

Este pueblo se acerca a mí con la boca y me honra con los labios, pero su corazón está lejos de mí.

Isaías 29:13 (nvi)

Puede que algunas de nosotras hayamos tenido tiempos *devocionales*, pero sin *devoción*. Tal vez leímos nuestra Biblia y oramos, pero sin cultivar una relación de amor con Dios. Sabemos mucho *acerca* de Él, pero en realidad no lo conocemos. Realizamos una multitud de actividades espirituales, pero hemos perdido la perspectiva y ya no sabemos a quién estamos sirviendo y por qué.

El resultado se ve en la forma de responder ante las presiones. Muchos cristianos viven con un estrés crónico. Dondequiera que voy, lo veo en los ojos de la gente, lo oigo en sus voces y, con demasiada frecuencia, lo veo cuando me miro en el espejo. Sé lo que es responder por cansancio, con un espíritu impaciente y exigente. Sé lo que es contender con Dios mismo, incluso con los ojos llenos de lágrimas por la frustración que siento conmigo misma.

También sé que solo hay un lugar donde mi corazón enojado y abrumado puede ser transformado: a los pies de Jesús.

Hazlo personal

¿Qué diferencias hay entre el «tiempo devocional» y la «devoción» en tu vida? ¿Cómo puedes elegir hoy sentarte a los pies de Jesús?

Señor, hoy te doy gracias por...

Señor, hoy te pido...

Día 73

/ /
DÍA MES AÑO

Dale tiempo a Dios

«José, hijo de David, no temas recibir a María tu mujer, porque el Niño que se ha engendrado en ella es del Espíritu Santo».
MATEO 1:20 (NBLA)

Cuando María le explicó a José lo que el ángel le había dicho, aparentemente él no creyó sus palabras. Pero María supo confiar en Dios. Le dio tiempo para que obrara en el corazón de José.

A veces nosotras, como creyentes, percibimos una verdad espiritual antes que otras personas en nuestra vida. La tendencia natural es pensar que debemos convencerlas de lo correcto o de la importancia de la verdad que hemos percibido.

María no tenía ese espíritu. Ella no sintió que era su responsabilidad convencer a José. No intentó manipular ni controlarlo. Simplemente esperó en el Señor y confió en que Él cumpliría Sus propósitos. Y a su tiempo, Dios envió un ángel para revelar a José lo que necesitaba saber.

Puedes estar cansada de esperar que Dios le hable a tu cónyuge o pastor u otra persona con autoridad espiritual. No trates de tomar el asunto en tus propias manos. Espera en el Señor. Confía en Él. Él cumplirá Sus propósitos en Su tiempo y a Su manera.

Hazlo personal

¿Que asunto necesitas dejar en manos de Dios y pedirle que te ayude a confiar en Él para cumplir Sus propósitos en tu vida?

Señor, hoy te doy gracias por...

Señor, hoy te pido...

Día 74

/ /
DÍA MES AÑO

¿Por dónde empezar?

Porque la gracia de Dios se ha manifestado... enseñándonos, que negando la impiedad y los deseos mundanos, vivamos en este mundo sobria, justa y piadosamente.

Tito 2:11-12 (NBLA)

Pablo escribió Tito 2 originalmente para un joven pastor llamado Tito, quien enfrentaba dificultades en su liderazgo de una iglesia en la isla de Creta. En ese tiempo, el Imperio romano, que gobernaba Creta, comenzaba a estar bajo el reinado del despiadado emperador Nerón. Imagínate cómo se sentían las iglesias de su época ante las amenazas de Nerón.

Quizás no vivamos en la Roma de Nerón, pero vivimos en una cultura decadente y engañosa que amenaza a la Iglesia tanto con su atractivo como con sus ataques. Necesitamos ayuda para reflejar el evangelio en nuestra vida de una forma tan hermosa que otros se sientan atraídos a seguir a Cristo. Y necesitamos ayuda para mantener Su evangelio tan atractivo para nosotras, que realmente confiemos en Él, lo obedezcamos y experimentemos el poder, la paz y el gozo que Él promete.

Cuanto más dejemos que el evangelio defina nuestras vidas, más hermoso será Cristo para nosotras y más brillará la belleza de Su evangelio a través de nosotras.

Hazlo personal

¿De qué manera puedes vivir los principios de Tito 2 para que la belleza del evangelio brille a través de ti?

Señor, hoy te doy gracias por...

Señor, hoy te pido...

Día 75

/ /

DÍA MES AÑO

Dios es Luz

Y este es el mensaje que hemos oído de Él y que les anunciamos: Dios es Luz, y en Él no hay ninguna tiniebla.

1 Juan 1:5 (NBLA)

El apóstol Juan había conocido el gozo de una profunda comunión con Dios por medio de Cristo, y quería que sus lectores también la experimentaran. Nos recuerda que «Dios es Luz» y que cuando encubrimos o rehusamos reconocer el pecado en nuestra vida, nos engañamos a nosotras mismas y no podemos disfrutar de una plena comunión con Dios ni con los demás. De hecho, ¡la persona que habitualmente encubre su pecado no tiene garantía de ser hijo de Dios!

Por lo tanto, la disposición de ser honestas y confesar nuestro pecado es una evidencia de la salvación genuina y es vital para experimentar el perdón de Dios y la comunión restaurada cuando pecamos como creyentes. Dios quiere experimentar una comunión íntima con Sus hijos. Eso es posible solo si somos honestas con Él acerca de la verdadera condición de nuestro corazón, que Él ya la conoce muy bien. No importa lo que hayas hecho, puedes experimentar el gran amor y la sublime gracia de Dios.

Hazlo personal

Abre tu corazón a Dios en una confesión sincera.

Señor, hoy te doy gracias por…

Señor, hoy te pido…

Día 76

/ /
DÍA MES AÑO

Una historia más grande

Dios es más grande que nuestro
corazón y lo sabe todo.
1 Juan 3:20 (NVI)

Dios está escribiendo una historia: la historia de la redención. Esta es más grandiosa y mejor que todo lo que podamos imaginar. Y hay algunos aspectos importantes que debemos recordarnos con frecuencia acerca de la historia de Dios y cómo se relaciona con la historia que Él está escribiendo en nuestras vidas y a través de ellas.

Nuestras historias individuales forman parte de una historia mucho más grande. A veces, experimentaremos dolor, pérdida, desilusión y anhelos insatisfechos. Pero Dios está tejiendo todo eso en un relato que nos dejará maravilladas y en adoración cuando lleguemos al final.

Básicamente, esta historia no se trata de nosotras, sino de Él. Somos actrices secundarias en Su historia. No somos las estrellas. ¡Él lo es!

Tener la perspectiva correcta tiene una importancia trascendental. Dios ve el principio, el final y todo lo que hay en medio; nosotras solo vemos el momento presente. Él tiene un lente de amplio espectro y ve todo el mural que está pintando en toda la historia. Nosotras solo vemos el pequeño punto de tiempo y espacio que ocupamos en este momento.

Hazlo personal

Expresa tu gratitud a Dios porque Él ve el principio, el final y todo lo que hay en medio, y pídele que te ayude a confiar en la historia que Él está escribiendo.

Señor, hoy te doy gracias por...

Señor, hoy te pido...

Día 77

/ /

DÍA MES AÑO

Un espíritu perdonador

No condenen y no se les condenará.
Perdonen y se les perdonará.
LUCAS 6:37 (NVI)

En los versículos que siguen directamente después de la oración del Padrenuestro, oímos a Jesús decir: «Porque si perdonan a otros sus ofensas, también los perdonará a ustedes su Padre celestial. Pero si no perdonan a otros sus ofensas, tampoco su Padre perdonará a ustedes las suyas» (Mateo 6:14-15, NVI).

Las palabras de Jesús nos desafían a examinar nuestro corazón para ver si alguna vez hemos sido verdaderamente perdonadas. Como dijo John Piper: «Si nos aferramos a un espíritu que no perdona, no seremos perdonados por Dios. Si seguimos así, no iremos al cielo, porque el cielo es la morada de las personas perdonadas».[1]

No se trata de que un espíritu perdonador nos haga merecedores del perdón de Dios, sino simplemente de que las personas perdonadas perdonan a los demás, y de que quienes se niegan persistentemente a perdonar a los demás no tienen base para afirmar que han sido perdonados por Dios.

[1] John Piper, «As We Forgive Our Debtors»(sermón), 20 de marzo de 1994, www.desiringgod.org/library/sermons/94/032094.html.

Hazlo personal

¿Te aferras a no perdonar a alguien? ¿Qué piensas hacer al respecto y por qué?

Señor, hoy te doy gracias por...

Señor, hoy te pido...

Día 78

/ /

DÍA MES AÑO

En sintonía

Todo aquel que es de la verdad, oye mi voz.

Juan 18:37

Mientras escucho al afinador de piano ajustar cada nota a un tono fijo, no puedo dejar de pensar que, en nuestros días, un estándar fijo de la verdad ha sido en gran parte descartado. Las personas afinan sus vidas al tono que les place, y el resultado es la confusión y el caos.

Cada vez es más difícil convencer a la gente de que Jesús es la norma absoluta e inmutable de la verdad. Pero eso es lo que Él afirmó ser. Y eso es lo que Él es.

Dios es fiel a Su Palabra y a Sus promesas. Él es recto y digno de confianza. No hay engaño ni hipocresía en Dios. Él es la norma fija de la verdad.

Ese carácter veraz de Dios establece la norma para toda la humanidad. Es una norma absoluta, una de la cual no hay desviación, y es absolutamente necesaria para cualquiera que quiera tener comunión con Él. Si estamos fuera de tono, entonces no podemos caminar de acuerdo con Dios. Pero si caminamos con Jesús, podemos estar «en sintonía» con Él.

Hazlo personal

¿Qué puedes hacer hoy para vivir de una manera que esté «en sintonía» con la verdad de Dios?

Señor, hoy te doy gracias por...

Señor, hoy te pido...

Día 79

/ /
DÍA MES AÑO

Ánimo

Porque Su dominio es un dominio eterno y
Su reino *permanece* de generación en generación.
DANIEL 4:34 (NBLA)

El cielo gobierna. Esta verdad, que es suficientemente poderosa para derribar a los grandes, también lo es para levantarnos el ánimo a los más pequeños, tanto en nuestras pruebas personales como cuando nos enfrentamos a un mundo que parece derrumbarse a nuestro alrededor. Podemos tener consuelo mientras caminamos por esta tierra porque nuestro Padre gobierna desde el cielo. Sentir consuelo y valor porque «el cielo gobierna» no supone una aceptación pasiva del destino, sino que viene con la promesa de gracia para la batalla.

Cuando sentimos que no podemos soportar más presiones, problemas o dolor, la conciencia del gobierno de Dios nos infunde una fuerza sobrenatural. Nos capacita para vivir con satisfacción y claridad en medio del caos y de las horribles consecuencias de un mundo caído, en medio de luchas y circunstancias que nos hacen querer huir presas del pánico o achicarnos en desesperación. Encontramos el valor para perseverar con paciencia, incluso con gozo, en la seguridad de que el cielo gobierna.

Hazlo personal

¿Cuál es tu reacción ante las situaciones difíciles que enfrentas hoy? ¿Dónde puedes encontrar el valor para perseverar?

Señor, hoy te doy gracias por…

Señor, hoy te pido…

Día 80

/ /
DÍA MES AÑO

Conocer a Dios

Y hablaba Jehová a Moisés cara a cara,
como habla cualquiera a su compañero.
Éxodo 33:11

Vemos en Moisés a un hombre que siempre anhelaba una comunión más profunda con Dios. En una de sus conversaciones más íntimas con Él, Moisés suplicó: «Ahora, pues, si he hallado gracia en tus ojos, te ruego que me muestres ahora tu camino, para que te conozca» (Éxodo 33:13). Esta es la oración de un hombre que no solo quería saber más *acerca* de Dios, sino que quería *conocer* a Dios.

Cuando te encuentres con Dios en tu tiempo devocional diario, no olvides que el principal propósito no es simplemente adquirir más conocimiento acerca de Dios o de Su Palabra, sino conocerlo a Él y disfrutar de una íntima comunión con Él. Puede que seas una estudiante experimentada de la Palabra. Puede que incluso seas líder de un grupo de estudio bíblico. Pero si el estudio de la Palabra no te lleva a conocer a Dios, has perdido todo el propósito.

Hazlo personal

¿Cómo puedes diseñar tu devocional diario para que sea un tiempo en el que realmente conozcas a Dios?

Señor, hoy te doy gracias por...

Señor, hoy te pido...

Día 81

/ /
DÍA MES AÑO

Deseperados por la doctrina

Están arruinando familias enteras al enseñar lo que no se debe.
TITO 1:11 (NVI)

La cultura en la Creta del primer siglo, donde Tito servía como pastor, estaba muy lejos de ser buena o piadosa. Pablo describió a los incrédulos de allí como «incapaces de hacer algo bueno» (Tito 1:16, NVI).

Invariablemente, la falsa enseñanza desenfrenada iba de la mano con el estilo de vida irreverente que prevalecía en Creta. Esa doctrina errónea estaba causando grandes trastornos a familias cristianas enteras.

Entonces, ¿qué debían hacer aquellos creyentes del primer siglo? ¿Y qué debemos hacer nosotras en situaciones similares hoy día?

«Tú, en cambio» —dijo Pablo al pastor Tito—, «predica lo que está de acuerdo con la sana doctrina» (Tito 2:1, NVI).

Así es. Ese es el plan de Dios: que la verdad y la luz triunfen sobre el engaño y las tinieblas.

La cultura cretense necesitaba desesperadamente a creyentes que valoraran la sana doctrina. Nuestra cultura tiene la misma necesidad. Porque donde tal doctrina se enseña, se cree y se pone en práctica, el evangelio de Cristo se exhibe, se proclama con poder y se hace creíble.

Hazlo personal

¿Por qué la sana doctrina puede tener tanto impacto en la sociedad?

Señor, hoy te doy gracias por...

Señor, hoy te pido...

Día 82

/ /
DÍA MES AÑO

Islas de piedad

De este modo todos sabrán que son mis discípulos, si se aman los unos a los otros.
Juan 13:35 (NVI)

Puede que estés preocupada por la desintegración moral que nos rodea. Solemos reaccionar pensando que la solución se encuentra en mejores leyes. Es tentador pensar que unos gobernantes diferentes o unos programas sociales mejores cambiarían las cosas.

Sin embargo, lo que Pablo plantea en el libro de Tito es que lo que necesitamos son discípulos que conozcan y vivan de acuerdo con la sana doctrina. Personas que estén fundadas en las Escrituras y que vivan lo que creen. Creyentes piadosos, sabios, buenos y amables.

Nuestros mejores argumentos intelectuales nunca lograrán persuadir al mundo sobre la existencia de Dios, la singularidad de Cristo, el camino a la salvación o cualquier otra cosa. Es más probable que se persuadan cuando vean el evangelio vivido en nuestra vida y nuestras relaciones.

Tú, tu familia y tu iglesia pueden ser pequeñas islas de piedad en un vasto mar de maldad. Pero no subestimes lo que Dios puede hacer para que el evangelio sea deseable para las almas perdidas a través de estos oasis de gracia y belleza. Así es como se extiende Su reino.

Hazlo personal

¿Qué pasos podrías dar para profundizar tu comprensión de la Palabra de Dios y saturar tu mente, corazón y vida con la sana doctrina?

Señor, hoy te doy gracias por...

Señor, hoy te pido...

Día 83

/ /
DÍA MES AÑO

No solo palabras vacías

Inclínate ante Él, porque Él es tu señor.
SALMO 45:11 (NBLA)

Hay una gran diferencia entre hablar de Jesús como «Señor» con palabras vacías y conocerlo verdaderamente como Señor. Jesús dijo: «No todo el que me dice: Señor, Señor, entrará en el reino de los cielos» (Mateo 7:21).

En otra ocasión, dijo: «¿Por qué me llaman ustedes "Señor, Señor", y no hacen lo que les digo?» (Lucas 6:46, NVI). Jesús entonces describe la destrucción que viene sobre aquellos que no se someten a Su señorío. Puedes afirmar que conoces a Jesús, pero eso no es necesariamente una prueba de fe genuina. La fe verdadera se demuestra siempre en una vida que desea obedecer a Dios.

Si Jesús es Dios (y lo es), entonces Él debe ser Señor. Él es supremo. No nos pertenecemos; somos de Él. Esa es la verdad acerca de Jesús como Señor. Sin embargo, no estamos hablando de una obligación pesada. Hay una gracia infinita envuelta en Su señorío. Él es un Señor compasivo. Siempre hace lo mejor para sus súbditos. Podemos entregarle nuestras vidas sin temor.

Hazlo personal

¿Hay áreas en tu vida que no has sometido al señorío de Jesús? ¿Qué harás para rendirlas totalmente a Él?

Señor, hoy te doy gracias por...

Señor, hoy te pido...

Día 84

/ /
DÍA MES AÑO

En los cielos

El Señor mira desde los cielos... Desde el lugar de Su morada Él observa a todos los habitantes de la tierra.

Salmo 33:13-14 (NBLA)

Los cielos se entienden en las Escrituras como el lugar de toda autoridad, poder y grandeza. Habla de la posición exaltada de Dios. Por eso, cuando oramos: «Padre nuestro que estás en los *cielos*», estamos orando a un Padre que está muy por encima de todo lo que sucede aquí.

Esto no significa que a Dios no le importe o no esté involucrado en lo que ocurre en la tierra. Él vino a la tierra para ocuparse de los asuntos de la tierra y se identificó con nosotros en nuestro sufrimiento, pero Él existe en Su propio reino.

Como Dios está en los cielos, tiene una perspectiva diferente. Cuando nos mira desde arriba, conoce nuestros corazones, problemas y luchas, y sabe cómo encaja todo en Su gran plan redentor. Como es nuestro Padre celestial, tiene el poder de ayudarnos cuando oramos.

Este Dios de los cielos también está aquí, en nuestro mundo, en nuestro hogar, en nuestras situaciones, viendo nuestras lágrimas, conociendo nuestras luchas, conociendo los problemas que enfrentamos. Él es una ayuda segura en momentos de angustia (Salmo 46:1, NVI).

Hazlo personal

¿Cómo afecta tu forma de acercarte a Dios en oración saber que Él está en los cielos? ¿Cómo te ayuda en las circunstancias que enfrentas hoy?

Señor, hoy te doy gracias por...

Señor, hoy te pido...

Día 85

/ /

DÍA MES AÑO

«¿Por qué?»

¿Por qué me haces presenciar tanta iniquidad?
¿Por qué toleras la maldad?
HABACUC 1:3 (NVI)

«¿Por qué, Dios?». Todas las generaciones se han hecho esta pregunta de alguna forma.

Habacuc también tenía algunas preguntas para Dios. Se preguntaba por qué Dios permitía que el pecado floreciera entre Su pueblo y por qué parecía que Dios no escuchaba. Y Habacuc no fue el único que cuestionó a Dios en las páginas de las Escrituras.

Después de perder sus bienes, sus hijos y su salud, Job preguntó: «¿Por qué no nací muerto? ¿Por qué no morí al salir del vientre?» (Job 3:11, NTV).

Cuando su misión no parecía ir bien, Moisés se preguntó: «Señor... ¿Por qué me enviaste?» (Éxodo 5:22, NTV).

Un salmista quería saber: «¿Por qué, SEÑOR, te mantienes distante? ¿Por qué te escondes en momentos de angustia?». (Salmo 10:1, NVI).

Cuando mi familia sufrió la pérdida de mi hermano menor, fuimos consolados por un amigo de la familia que hizo esta útil declaración: «Está bien preguntarle a Dios "¿por qué?", siempre y cuando no lo hagas con el puño cerrado, sino con un corazón abierto».

Hazlo personal

¿Has preguntado a Dios «¿por qué?» hoy? Pídele que te ayude a tener la actitud de un corazón abierto en lugar de un puño cerrado.

Señor, hoy te doy gracias por...

Señor, hoy te pido...

Día 86

/ /
DÍA MES AÑO

Un auxilio presente en la angustia

Dios es nuestro amparo y fortaleza, nuestro pronto auxilio en las tribulaciones.
SALMO 46:1

La vida es dura. Vivimos en un mundo caído. Incluso aquellos que han sido redimidos viven en cuerpos terrenales y tienen que lidiar con las realidades de la tentación, el pecado, la enfermedad, la pérdida, el dolor y la muerte.

Convertirnos a Cristo —incluso ser maduras y consagradas en la fe— no nos encierra en una especie de burbuja celestial que nos hace inmunes al dolor. Hasta que Dios no haga un cielo nuevo y una tierra nueva, no estaremos totalmente libres de los estragos del pecado. Por el momento, habrá lágrimas, penas, presiones y problemas.

Pero la buena noticia es que Dios no está alejado ni se ha distanciado de nuestros problemas. Él no se sienta en el cielo esperando para ver si podemos arreglárnoslas para sobrevivir. No. El Dios de la Biblia es «nuestro pronto auxilio en las tribulaciones». Eso no significa que agite una varita mágica y haga desaparecer todos nuestros problemas, sino más bien que se sirve de las presiones y los problemas para moldear nuestra vida y hacernos como Jesús, que «por lo que padeció aprendió la obediencia» (Hebreos 5:8).

Hazlo personal

¿Cómo ha utilizado Dios (y utiliza actualmente) tus problemas para cambiarte y revelar Su gracia y Su poder al mundo?

Señor, hoy te doy gracias por...

Señor, hoy te pido...

Día 87

/ /
DÍA MES AÑO

Piedras vivas

También ustedes son como piedras vivas, con las cuales se está edificando una casa espiritual. De este modo llegan a ser un sacerdocio santo, para ofrecer sacrificios espirituales que Dios acepta por medio de Jesucristo.
1 Pedro 2:5 (NVI)

Mediante la fe en Cristo, nos convertimos en piedras vivas construidas sobre Cristo mismo. Obtenemos una nueva identidad. Ya no nos definen los fracasos de nuestro pasado. Nuestra identidad no se encuentra en nuestro desempeño, nuestros dones o nuestras habilidades. Dios nos escogió. Somos preciosas para Él, como lo es Jesús. En Cristo nos hemos unido a un proyecto de construcción sagrado: la edificación de un templo para Dios. Esto nos da esperanza cuando luchamos por superar un pecado o una prueba.

El peso de la Iglesia descansa sobre Jesús y Su obra consumada en la cruz. ¿Te alegra saber que tu salvación no depende de ti? Él es quien une todo el edificio. Un día, cuando todo esté terminado, habrá una casa gloriosa y santa para Dios. Y mientras tanto, nosotras, como piedras vivas, estamos a salvo y seguras, porque descansamos en Cristo, nuestra Piedra Angular.

Hazlo personal

Hoy, ¿cómo puedes escuchar la voz de Dios y confiar en que, si estás en Cristo, eres escogida y preciosa?

Señor, hoy te doy gracias por...

Señor, hoy te pido...

Día 88

/ /
DÍA MES AÑO

El Señor es fiel

Por el gran amor del Señor no hemos sido consumidos y su compasión jamás se agota. Cada mañana se renuevan sus bondades; ¡muy grande es su fidelidad!
Lamentaciones 3:22-23 (nvi)

Menos de cinco años después de decir el «sí, quiero», el Señor condujo a Robert y a mí a una gran oportunidad de experimentar y aceptar Su gobierno soberano en nuestras vidas. Justo cuando la pandemia global estaba trastornando el mundo, mi esposo, por lo demás sano, recibió dos diagnósticos de cánceres diferentes y no relacionados, en el transcurso de solo unos pocos meses.

Al mirar atrás, podemos ver claramente que Dios nos había estado preparando para este proceso. En 2019, Robert y yo fuimos coautores de un libro titulado *Confía en Dios para escribir tu historia.*[1] En uno de los capítulos, reflexionamos sobre la providencia de Dios —algunas experiencias dolorosas, otras magníficas, pero todas buenas— en nuestra propia historia. Y aunque entonces no sabíamos qué caminos pedregosos nos tocaría recorrer (¡y seguimos sin saberlo!), sabemos que el Señor ha sido fiel en cada capítulo hasta ahora. Y sabemos que Él será fiel en cada capítulo venidero, que Su gracia será suficiente para dondequiera que nos lleve.

---

[1] Publicado por Editorial Portavoz, https://www.portavoz.com/confia-en-dios-para-escribir-tu-historia.

Hazlo personal

¿Cómo ha sido Dios fiel en cada capítulo de tu vida?
¿Cómo te ayuda eso a confiar en Él para el futuro?

Señor, hoy te doy gracias por…

Señor, hoy te pido…

Día 89

/ /
DÍA MES AÑO

Un gran regalo

Predica la palabra... Amonesta, reprende, exhorta con mucha paciencia e instrucción.

2 Timoteo 4:2 (NBLA)

En 2 Timoteo, Pablo señaló a Timoteo la solución para evitar alejarse de la sana doctrina. Los pastores y los líderes de la iglesia son responsables de dar *dirección* y *protección* espiritual al rebaño de Dios. Y un compromiso inquebrantable con la sana doctrina es fundamental para ese llamado.

Si los pastores y líderes de tu iglesia aman, viven y enseñan la sana doctrina, has recibido un gran regalo. Si buscas una iglesia donde congregarte, asegúrate de elegir una en la que encuentres una dieta constante de enseñanza bíblica sólida que te anime a vivir las implicaciones de la sana doctrina.

Y si tu iglesia está buscando un nuevo pastor, ora para que Dios traiga a un hombre que hable «lo que está de acuerdo con la sana doctrina» (Tito 2:1). No tiene que ser un orador fascinante o un excelente administrador. Pero sí tiene que ser capaz de predicar la Palabra, para exhortar y reprender con toda autoridad (v. 15).

Hazlo personal

Haz una lista de los pastores y líderes de tu iglesia y ora por ellos, dando gracias a Dios por sus vidas y pidiéndole que les ayude a enseñar la sana doctrina.

Señor, hoy te doy gracias por...

Señor, hoy te pido...

Día 90

/ /
DÍA MES AÑO

Pérdida de intimidad

Se escondieron de la presencia del Señor Dios.
Génesis 3:8 (NBLA)

Adán y Eva fueron las primeras criaturas de Dios que experimentaron una relación extraordinaria con Él. En ninguna parte vemos a Dios buscando una relación con alguna de sus criaturas, excepto con el hombre.

Dios solo se reveló a sí mismo a Adán y Eva. La pareja respondió con admiración, amor y obediencia. No había temor ni vergüenza, porque se deleitaban en conocer y hacer la voluntad de Dios. La comunión con Él era la razón de su existencia.

Tal vez hayas experimentado ese tipo de relación con Dios.

¿Sabes también lo que es perder esa intimidad? ¿Tomar una decisión que crea distancia donde antes había cercanía, temor donde antes había confianza, y vergüenza donde antes había libertad?

Aunque Adán y Eva decidieron pecar y, como resultado, perdieron esa intimidad con Dios, Él nunca dejó de amarlos, de comunicarse con ellos, de buscarlos o de tomar la iniciativa. Así como Él nunca deja de amarnos y buscarnos a ti y a mí.

Hazlo personal

¿Has tomado alguna decisión esta semana que ha creado distancia o temor en tu relación con Dios? Pídele al Señor que restaure cualquier intimidad perdida con Él.

Señor, hoy te doy gracias por…

Señor, hoy te pido…

Día 91

/ /
DÍA MES AÑO

La hermosura de la santidad

¡Póstrense ante el SEÑOR en la hermosura de su santidad!

SALMO 96:9 (NVI)

Puede que la santidad no ocupe un lugar primordial en nuestros temas de conversación, ¡pero quienes están en el cielo nunca dejan de hablar de ello! Necesitamos «recuperar» la verdadera santidad, para verla en toda su hermosura tal como se revela en la Palabra de Dios.

En las memorias de Jonathan Edwards, él habló de su fascinación por la santidad: «Me parecía una cosa tan hermosa que me dejaba sin palabras; la más alta belleza y amabilidad —una belleza divina—; mucho más pura que cualquier cosa aquí en la tierra; y que todo lo demás era como fango y corrupción en comparación con ella».[1]

Del mismo modo, A. W. Tozer desafió los conceptos erróneos que a menudo se asocian con la santidad: «La santidad en la Biblia significa integridad moral, una cualidad positiva que incluye, en realidad, la bondad, la misericordia, la pureza, la conducta intachable y la piedad. Siempre hay que considerarla como algo positivo, de la mayor estima».[2]

Si realmente entendiéramos la santidad y pudiéramos ver lo hermosa y espléndida que es, la convertiríamos en una alta prioridad para nuestras vidas.

---

[1] *Memoirs of Jonathan Edwards*, Works of Jonathan Edwards, vol. 1 (Edimburgo: Banner of Truth Trust, 1974), xiv.

[2] A. W. Tozer, *I Call It Heresy* (Harrisburg, PA: Christian Publications, 1974), 63.

Hazlo personal

¿Cómo has visto brillar la santidad en otra persona? ¿Cómo puedes recuperar la bella imagen de la verdadera santidad en tu propia vida?

Señor, hoy te doy gracias por...

Señor, hoy te pido...

Día 92

/ /
DÍA MES AÑO

El propósito de las pruebas

Busquen la paz con todos y la santidad, sin la cual nadie verá al Señor.
Hebreos 12:14 (NVI)

Dios tiene un propósito en cada prueba que enfrentas hoy. Puedes confiar en Él. De hecho, Su voluntad de involucrarse en tu vida —incluso como un Padre que disciplina— nos muestra Su amor, no Su desaprobación.

Cuando lo recibimos con un corazón sensible y sumiso, el castigo de Dios nos reafirma que estamos en una relación con Él, que le pertenecemos. Esto nos anima y nos da fuerzas para perseverar. En lugar de enojarnos con las personas que Dios utiliza como instrumentos para nuestra disciplina o de responder de forma pecaminosa a los problemas que enfrentamos, debemos «[buscar] la paz con todos» (Hebreos 12:14, NVI).

El autor de Hebreos nos recuerda la provisión de Dios para enfrentar las circunstancias dolorosas de la vida, así como lo que sucederá si no recibimos y hacemos uso de esa provisión: «Asegúrense de que nadie quede fuera de la gracia de Dios, de que ninguna raíz amarga brote y cause dificultades y corrompa a muchos» (Hebreos 12:15, NVI).

Hazlo personal

Anota todas las circunstancias difíciles que enfrentas actualmente. A continuación, ora pidiendo al Señor que te ayude a ver Su propósito en cada una.

Señor, hoy te doy gracias por...

Señor, hoy te pido...

Día 93

_____ / _____ / _____
DÍA MES AÑO

Caminar por la fe

Vivimos por fe, no por vista.
2 Corintios 5:7 (nvi)

En la Palabra de Dios y en nuestra vida cristiana vemos un contraste entre las cosas que se ven y las que no se ven. Las cosas que se ven —las cosas de este mundo material— son temporales. Pero la fe nos lleva al reino de las cosas que no se ven, las que no puedes conocer con tus sentidos naturales, y que son eternas.

La mayoría de la gente pasa su vida en el reino del mundo material. Pero como seguidoras de Cristo, estamos llamadas a caminar por fe, a confiar en el corazón y la mano de Dios, incluso cuando no podemos ver hacia dónde nos lleva. Caminar por fe nos ayudará a perseverar cuando las tormentas nos asalten, porque edificamos nuestras vidas sobre la Roca de Jesucristo.

Cuando caminamos por fe, no vivimos para el «aquí y ahora», sino para lo que viene después. Cuando enfrentamos la aflicción, vemos que tiene un propósito eterno. Caminar por fe nos ayuda a mantener nuestros ojos en la línea de meta, donde un día veremos a nuestro Salvador cara a cara y nuestra fe será recompensada.

Hazlo personal

¿Te sientes tentada a seguir tus sentimientos, emociones o circunstancias en lugar de la Palabra de Dios?

Señor, hoy te doy gracias por...

Señor, hoy te pido...

Día 94

/ /
DÍA MES AÑO

Un corazón hospitalario

La mujer sabia edifica su casa.
PROVERBIOS 14:1

No fue una cena lujosa, pero fue un regalo muy especial.

Mi esposo y yo fuimos a la casa de nuestros amigos, «Gaby» y «Alex», para cenar junto con su familia. Nos sentamos alrededor de la mesa para darnos un festín de sopa y pan. Hablamos, reímos y jugamos a un juego de mesa. Luego terminamos la velada con un tiempo de oración.

Gaby, una esposa y madre de corazón generoso, se ve arrastrada en muchas direcciones en estos días, lidiando con las necesidades de su esposo, sus hijos educados en casa, sus padres ancianos, una hermana discapacitada que ha venido a vivir con ellos temporalmente... Sin embargo, Gaby intencionadamente hace de su hogar un lugar de refugio y hospitalidad.

No suele ofrecer comidas *gourmet*, pero lo que sí ofrece es una abundancia de amor, calidez, aceptación, conversación y sonrisas. Su hogar no es un ídolo ni un fin en sí mismo. Es una herramienta, un medio para mostrar el evangelio y la gracia de Dios. Los que entran por la puerta principal reciben una muestra del cielo. Porque Gaby —igual que todas las mujeres verdaderas según Tito 2—, ha desarrollado un corazón para el hogar.

Hazlo personal

Piensa en alguien que te haya abierto las puertas de su casa. ¿De qué manera su hospitalidad puso de manifiesto la gracia de Dios?

Señor, hoy te doy gracias por…

Señor, hoy te pido…

Día 95

/ /
DÍA MES AÑO

Doble peligro

¿Eres tú maestro de Israel, y no sabes esto?
JUAN 3:10

Cuando se trata de doctrina, existen dos peligros que se deben evitar. El primero es una *vida sin sana doctrina*. El segundo es tener *doctrina sin vida*.

Este fue el problema de Nicodemo cuando se acercó por primera vez a Jesús. Nicodemo comprendía la doctrina, pero no tenía *vida*. Era un buen ejemplo de que es posible *saber* lo que es correcto y *hacer* lo que es correcto; y, sin embargo, no *estar* en lo correcto.

Además, la doctrina que produce santurrones y críticos de la verdad no está de acuerdo con el corazón y el carácter de Dios. No es verdaderamente sana, porque la sana doctrina es verdadera y correcta, pero también bella y buena.

Podemos tener las respuestas correctas a preguntas difíciles, pero ¿mostramos ternura al compartir esas respuestas? Podemos conocer a fondo la Palabra de Dios, pero ¿es evidente a los demás que nuestros corazones se conmueven por la maravilla de lo que conocemos?

Cuando vivimos en la verdad de Dios, nuestra vida se vuelve más hermosa. Y esa verdad se hace más convincente e irresistible para quienes nos rodean.

Hazlo personal

¿A cuál de los dos peligros te acercas más: a vivir sin sana doctrina o a tener doctrina sin vida?

Señor, hoy te doy gracias por…

Señor, hoy te pido…

Día 96

/ /

DÍA MES AÑO

Pan de vida

Yo soy el pan de vida; el que a mí viene, nunca tendrá hambre; y el que en mí cree, no tendrá sed jamás.

JUAN 6:35

En la antigüedad, el pan era vital para la vida. En las Escrituras, el pan se usa como imagen de nuestras necesidades espirituales básicas y también señala que la presencia de Dios es lo único que puede llenarnos y sostenernos.

En Juan 6, Jesús realizó un milagro con pan, al alimentar a una multitud hambrienta con solo cinco panes y dos peces. Después, sobraron doce cestas de pan. Al día siguiente, Jesús dijo a la multitud: «Me buscan, no porque hayan visto señales, sino porque han comido de los panes y se han saciado» (v. 26, NBLA).

Esa gente seguía a Jesús por los milagros. Quedaron impresionados por Jesús, pero no estaban dispuestos a dedicar sus vidas a Él. Querían a Jesús por lo que podían obtener de Él.

¿Dónde buscas la satisfacción? Las cosas terrenales, incluso las buenas, no perduran. ¡Oh, que podamos dejar de buscar la plenitud en cosas que no pueden darnos vida! Cristo es el Pan del cielo, Aquel que satisface para siempre nuestras almas.

Hazlo personal

¿Qué es lo que te motiva a seguir a Jesús?
¿Dónde buscas la satisfacción?

Señor, hoy te doy gracias por…

Señor, hoy te pido…

Día 97

/ /

DÍA MES AÑO

Varios pasos por delante

Desciende al lago y echa el anzuelo. Abre la boca del primer pez que saques y allí encontrarás una gran moneda de plata.

MATEO 17:27 (NTV)

A pocas personas les gusta pensar en los impuestos, así que fue un día difícil para Pedro. Al discípulo se le recordó que tanto él como su Maestro, Jesús, debían pagar el impuesto del templo. Mateo 17:27 cuenta que Jesús le dijo a Pedro que saliera en una barca y echara el anzuelo. El primer pez que sacara tendría una moneda en la boca lo suficientemente grande como para pagar el impuesto por los dos.

La solución al problema del impuesto de Pedro probablemente se había puesto en marcha antes de que Pedro se diera cuenta. Una moneda de la cantidad correcta cayó al agua en el momento y lugar adecuados. Un pez la atrapó en su boca y se abrió camino a través del mar para estar cerca del anzuelo de Pedro cuando entró en el agua.

Pedro tenía una necesidad, pero descubrió que Dios iba varios pasos por delante de él. Más que el dinero para pagar el impuesto, Pedro recibió ese día una lección impactante sobre la soberanía de Dios.

Hazlo personal

¿Cómo has visto la soberanía de Dios en tu vida, donde Él ha estado varios pasos delante de ti?

Señor, hoy te doy gracias por…

Señor, hoy te pido…

Día 98

/ /

DÍA MES AÑO

Hablar la verdad

«Yo soy el Señor y no cambio».

Malaquías 3:6 (NTV)

Vivimos en un mundo que cambia constantemente. Tecnología innovadora, estilos actualizados, noticias al instante; a veces parece que nada permanece igual.

Sin embargo, Hebreos 13:8 nos dice que Dios nunca cambia. Él es «el mismo ayer, hoy y siempre» (NTV).

El Señor no es como las arenas movedizas. Con Él no hay sombra de verdad. Él no cambia de opinión según la persona con quien habla. Él siempre es verdadero.

En cambio, mis palabras no siempre han sido verdaderas. Cuando era una joven veinteañera y quería dar una buena impresión a los demás, a veces exageraba la verdad. Dios me mostró que mi orgullo había dado lugar a una raíz de engaño en mi corazón. Por Su gracia, Dios me concedió el arrepentimiento. Con el tiempo, Él eliminó esas raíces de engaño y las reemplazó con la verdad.

Las victorias espirituales se ganan cuando hablamos la verdad. En la vida real, a menudo parece que las personas que mienten tienen éxito. Pero Proverbios dice que, a la larga, el efecto de las palabras verdaderas será duradero y los que engañan no llegarán muy lejos.

Hazlo personal

Examina tu corazón y anota todas las áreas en las que eres culpable de exagerar la verdad.

Señor, hoy te doy gracias por…

Señor, hoy te pido…

Día 99

/ /
DÍA MES AÑO

La única diferencia

Siempre deben estar dispuestos a hacer lo bueno: a no hablar mal de nadie, sino a buscar la paz y ser respetuosos, demostrando plena humildad en su trato con todo el mundo.

Tito 3:1-2 (NVI)

A lo largo de la epístola que escribió al joven líder Tito, Pablo identifica maneras en que la vida de los cristianos debe diferir radicalmente de la de los no creyentes.

La distinción entre los cristianos y el mundo debe ser muy clara. No porque seamos mejores personas o tengamos una educación mejor. De hecho, no somos intrínsecamente diferentes de los demás. A nuestros corazones les encantaría marchar al mismo ritmo egocéntrico que el resto del mundo.

La única diferencia es Jesús: el evangelio. Y eso marca una gran diferencia. ¡Jesús lo cambia todo!

¿Y cuál es el medio que usa el Espíritu para aflojar nuestro control sobre los viejos patrones de comportamiento, liberarnos de las ataduras de la cultura actual y despertar nuestros corazones a la belleza de Cristo? La verdad que aprendemos en las Escrituras.

Hazlo personal

Antes de pasar tiempo en la Palabra de Dios hoy, pídele a Dios que despierte tu corazón a la belleza de Cristo y Sus caminos. Anota tus pensamientos al respecto.

Señor, hoy te doy gracias por...

Señor, hoy te pido...

Día 100

/ /
DÍA MES AÑO

Una sierva del Señor

Mi alma engrandece al Señor, y mi espíritu se regocija en Dios mi Salvador. Porque ha mirado la humilde condición de *esta* su sierva.

Lucas 1:46-48 (NBLA)

Equipada con las promesas de Dios, la respuesta de María al anuncio sorprendente del ángel fue simplemente: «Soy la sierva del Señor. Que se cumpla todo lo que has dicho acerca de mí» (Lucas 1:38, NTV). En otras palabras: «Señor, estoy disponible. Tú eres mi Señor; yo soy tu sierva. Estoy dispuesta a ser utilizada conforme a tu voluntad».

En ese acto de entrega, María se ofreció a Dios como sacrificio vivo. Estaba dispuesta a soportar la pérdida de reputación que se produciría cuando la gente se diera cuenta de que estaba embarazada sin estar casada, dispuesta a soportar el ridículo e incluso ser apedreada, el castigo aprobado por la ley mosaica, dispuesta a pasar por nueve meses de creciente incomodidad y falta de sueño, dispuesta a soportar los dolores de parto para dar a luz al niño Jesús. María estaba dispuesta a renunciar a sus propios sueños y rendir su vida completamente a Dios.

Hazlo personal

Pide a Dios que te revele el estado de tu corazón.
¿Has entregado tu vida a Él? ¿Qué necesita cambiar?

Señor, hoy te doy gracias por...

Señor, hoy te pido...

Día 101

/ /
DÍA MES AÑO

El himno del cielo

La bendición y la gloria y la sabiduría y la acción de gracias y la honra y el poder y la fortaleza, sean a nuestro Dios por los siglos de los siglos.
APOCALIPSIS 7:12

La gratitud es el himno eterno del cielo. Apocalipsis 11:17 dice que los veinticuatro ancianos se postraron ante Él, diciendo: «Te damos gracias, Señor Dios Todopoderoso, el que eres y que eras y que has de venir, porque has tomado tu gran poder y has reinado». Incluso ahora, en este mismo instante.

Cada vez que expresamos nuestra gratitud aquí en la tierra, unimos nuestras voces al gran coro que se eleva ante el trono de Dios y nos preparamos para lo que vamos a hacer por toda la eternidad, donde le glorificaremos y le agradeceremos por todo lo que Él es y ha hecho.

Así que piensa en el día de hoy como un «ensayo general» y hazlo tal como lo harás «en vivo» en la representación real, cuando estemos en el cielo.

Hazlo personal

¿Cuáles son algunas maneras en las que puedes expresar tu gratitud hoy para la actuación en vivo que está por venir?

Señor, hoy te doy gracias por...

Señor, hoy te pido...

Día 102

/ /

DÍA MES AÑO

Una profunda amistad

Señor, tú me examinas y me conoces.

Salmo 139:1 (NVI)

Como resultado de todo el tiempo que pasó en la presencia de Dios, Moisés disfrutó de una profunda amistad con Él. Mientras que en el campamento los demás no podían acercarse a Dios ni contemplar Su gloria, «hablaba el Señor con Moisés cara a cara» (Éxodo 33:11, NVI).

A Moisés no se le permitía ver el rostro de Dios, pero Dios hablaba con él directamente, no a través de un intermediario.

«Cara a cara» presenta una imagen de intimidad. Es una ilustración de dos personas que se aman. Por otro lado, cuando algo se interpone entre dos amigos puede ser incómodo estar cara a cara.

Si has caminado con Dios por algún tiempo, sabes lo que es tener una grieta en la relación: resulta difícil mirarlo «a los ojos». El propósito de un tiempo devocional diario es volver a Su presencia, descubrir qué ha causado la grieta y restablecer la comunión. Después, podremos volver a mirarle a la cara sin vergüenza ni temor.

Hazlo personal

¿Hay algo en tu vida que te impide mirar al Señor «a los ojos»? Pasa tiempo en Su presencia hoy, buscando la comunión con Él.

Señor, hoy te doy gracias por...

Señor, hoy te pido...

Día 103

/ /
DÍA MES AÑO

Bondad en acción

[Dorcas] siempre hacía buenas acciones a los demás y ayudaba a los pobres.
Hechos 9:36 (NTV)

Me encanta el relato del Nuevo Testamento sobre una seguidora de Cristo llamada Dorcas. Su relación con Cristo la impulsó a derramar su vida en actos prácticos de bondad hacia los necesitados. Su vida era una imagen de verdadera bondad en acción. Esto se hizo aún más evidente cuando llegó la tragedia y Dorcas murió (Hechos 9:37-39).

La conmovedora descripción de las viudas que ella había bendecido, desconsoladas junto a su cuerpo sin vida, sugiere que Dorcas se preocupaba de verdad por las personas a las que servía. No solo extrañaban lo que Dorcas había hecho, sino que la extrañaban a *ella*.

Su bondad contrastaba fuertemente con la conducta del mundo incrédulo, donde las viudas a menudo eran abandonadas a su suerte y se enfrentaban a la posibilidad de vivir en la pobreza. La vida de Dorcas puso en relieve el amor de Cristo. Y cuando fue resucitada, «muchos creyeron en el Señor» (v. 42).

Y ese es el efecto que la bondad cristiana puede tener en nuestro testimonio al mundo.

Hazlo personal

¿Cómo puedes mostrar bondad a los necesitados esta semana? Pide a Dios que su amor brille a través de ti.

Señor, hoy te doy gracias por...

Señor, hoy te pido...

Día 104

/ /

DÍA MES AÑO

No te conformes con menos

Así que, si el Hijo los hace libres, ustedes serán realmente libres.

Juan 8:36 (NBLA)

Buscar la santidad es buscar el gozo, un gozo infinitamente mayor que el que ofrece cualquier deleite terrenal.

¿Por qué convertimos la santidad en una carga cuando ser santa implica ser limpia y libre del peso del pecado? ¿Por qué nos aferramos a nuestro pecado? Es como si un leproso dijera que prefiere sus llagas supurantes, cuando le ofrezcan la oportunidad de ser limpiado.

Resistirse a la santidad o buscarla a medias trae como resultado la pérdida del verdadero gozo y tener que conformarnos con vivir sin la plenitud de la presencia de Dios. Tarde o temprano, el pecado te robará todo lo que es bello y deseable.

Si eres una hija de Dios, fuiste redimida para saborear el dulce fruto de la santidad: caminar con Dios, disfrutar de Su presencia, regocijarte en Su misericordia, conocer la alegría de tener las manos limpias, un corazón puro y la conciencia tranquila. Un día, nos presentaremos ante el Señor sin vergüenza. ¿Por qué conformarse con menos?

Hazlo personal

¿Qué pasos puedes dar para buscar la santidad día tras día?

Señor, hoy te doy gracias por...

Señor, hoy te pido...

Día 105

/ /
DÍA MES AÑO

Príncipe de Paz

Que el Señor de paz les conceda su paz
siempre y en todas las circunstancias.
2 Tesalonicenses 3:16 (nvi)

Todo corazón humano anhela la paz, pero es un don que pocos experimentan. Por el contrario, muchas de nosotras nos caracterizamos por el estrés, el miedo y la ansiedad. Carecemos de paz en nuestras relaciones: vemos conflictos, tensiones y luchas; vemos divorcios, divisiones en las iglesias y guerras mundiales.

Fue a un mundo así que Dios envió un regalo maravilloso: la paz en Persona. El Príncipe de Paz es Su regalo a las personas que desesperadamente necesitan la paz.

El punto de partida para alcanzar la paz es tener paz con Dios, y a través de la muerte de Jesús en la cruz, podemos tenerla.

Una vez que recibimos la paz *con* Dios, podemos tener la paz *de* Dios. Podemos dejar de luchar y estar tranquilas en medio de las tormentas de la vida. Pensamos: *Oh, si este problema desapareciera, podría estar en paz.* Pero la paz no es la ausencia de problemas, sino la presencia de Cristo en medio de los problemas.

Hazlo personal

¿Has sentido la paz de Cristo en medio de algún problema? ¿En qué situaciones necesitas Su paz hoy?

Señor, hoy te doy gracias por...

Señor, hoy te pido...

Día 106

/ /

DÍA MES AÑO

Toda una vida de rendición

Entonces Jesús dijo a sus discípulos: Si alguno quiere venir en pos de mí, niéguese a sí mismo, y tome su cruz, y sígame.
Mateo 16:24

Después de rendir nuestra vida a Cristo como Salvador y Señor, debemos aprender lo que significa poner en práctica una vida de rendición, decir continuamente «no» al yo y «sí» a Dios.

Muchos cristianos viven perpetuamente desanimados porque, después de entregar el control de sus vidas a Cristo, quieren seguir manejando las riendas. Como resultado, no viven en armonía con el Señor que los creó y redimió.

Tal vez tú misma estés viviendo en este momento un capítulo llamado «No me rindo». ¿Existen asuntos en los cuales te reservas el derecho de controlar tu propia vida? Por ejemplo, aunque hayas entregado tu vida a Dios, ¿te das cuenta de que tu dinero también le pertenece al Señor? ¿Y tus hijos? ¿Y tu tiempo? Todo esto forma parte de una vida de rendición.

Hazlo personal

¿Cuáles son algunas de las áreas de tu vida que no le has rendido a Dios?

Señor, hoy te doy gracias por…

Señor, hoy te pido…

Día 107

/ /
DÍA MES AÑO

Una vocación alta y santa

Se levantan sus hijos y la llaman bienaventurada.
PROVERBIOS 31:28

Karina tenía unos treinta años cuando asistió a una conferencia de Mujer Verdadera. Era una cristiana devota y madre de siete hijos, que obviamente valoraba a los niños. Sin embargo, durante ese fin de semana, el Señor expuso el enojo y la frustración que había estado acumulándose en su corazón. Sin darse cuenta, había tenido la sensación persistente de que su esposo, sus hijos e incluso Dios le habían privado de oportunidades y libertades.

A través de la enseñanza de Su Palabra, Dios renovó la pasión de Karina por ser madre, y el gozo de lo que Él le había encomendado llenó su corazón. ¡Y Él puede hacer lo mismo por ti!

No, el aire puro de la verdad no impedirá que tu hijo pequeño vomite la mañana que estás saliendo de vacaciones ni hará entrar en razón a un hijo pródigo. La crianza de los hijos es exigente, compleja y no ofrece recompensas inmediatas, no importa cuánto te entregues a la labor.

Pero si eres madre —o involucrada en la crianza de los niños— recuerda que tienes una vocación y un ministerio vitales allí mismo, en tu casa. Y tus esfuerzos en criar a esos pequeños para Su gloria no son —ni *serán*— en vano.

Hazlo personal

Escribe los nombres de algunas madres que conoces y ora para que Dios encienda en ellas una pasión por la hermosa y sagrada vocación de la maternidad.

Señor, hoy te doy gracias por...

Señor, hoy te pido...

Día 108

/ /

DÍA MES AÑO

Feliz en la voluntad de Dios

Cada cual ha recibido de Dios su propio don,
unos de una manera y otros de otra.
1 Corintios 7:7 (nbla)

En la voluntad de Dios, el matrimonio es un regalo increíble, que se debe recibir con alegría y gratitud, y utilizar para la gloria de Dios. De igual manera, en la voluntad de Dios, la soltería es un don maravilloso, que se debe recibir con gratitud y usar para la gloria de Dios.

En 1 Corintios 7, el apóstol Pablo nos aconseja a no buscar una salida para las circunstancias que nos atan ni tampoco insistir en obtener un don que Dios no ha elegido para nosotras: «Cada uno permanezca en la condición en que fue llamado» (v. 20, nbla). La cuestión no es nuestro estado civil o nuestra posición en la vida, sino elegir vivir en ese estado conforme a la voluntad de Dios.

Pablo expone el principio de que la voluntad de Dios es lo que más importa, no si estamos casados o no. ¿A qué estado te ha llamado Dios? ¿Cuál es el don que te ha concedido?

Hazlo personal

Hoy, ¿cómo puedes recibir con gratitud los dones que Dios te ha concedido y usarlos para Su gloria?

Señor, hoy te doy gracias por...

Señor, hoy te pido...

Día 109

/ /
DÍA MES AÑO

Todavía y siempre

Nuestro Dios está en los cielos y hace lo que le place.
Salmo 115:3 (NTV)

No puedo recordar un momento en que no conociera y creyera que el cielo gobierna de alguna manera. Pero cada vez más, esta forma de ver las crisis y complejidades de la vida en este mundo roto ha cautivado mi corazón. Se ha convertido en una lente a través de la cual veo y proceso todo.

«El cielo gobierna» nos recuerda que nuestro Padre celestial controla y obra activamente por medio de cada suceso, evento y circunstancia que tiene lugar en la tierra, y lo hace para cumplir Sus propósitos buenos, eternos y redentores.

Él lo hace a pesar de lo que puedas escuchar sobre el estado de nuestro mundo mientras miras las noticias del día. Lo hace a pesar de lo que aparezca cuando revisas tu correo electrónico o las redes sociales. Lo hace a pesar del nerviosismo que acelera tu pulso mientras estás sentada en la consulta médica, pendiente de escuchar tu nombre.

El cielo todavía gobierna. El cielo *siempre* gobierna.

Hazlo personal

¿De qué manera la verdad de que «el cielo gobierna» te asegura que Dios tiene el control de tu vida y de nuestro mundo?

Señor, hoy te doy gracias por...

Señor, hoy te pido...

Día 110

/ /
DÍA MES AÑO

Un pecado grave

A pesar de haber conocido a Dios, no lo glorificaron como a Dios ni le dieron gracias, sino que se extraviaron en sus inútiles razonamientos y se les oscureció su insensato corazón.
ROMANOS 1:21 (NVI)

En el primer capítulo de Romanos, Pablo habla de la «ira de Dios» que se revela contra la «injusticia de los seres humanos» (v. 18, NVI). Pablo dice que «se han llenado toda clase de injusticia, maldad, avaricia y depravación» (v. 29, NVI), y casi todas las cosas horribles que puedas imaginar.

¿Qué es lo que origina en las personas (y a las civilizaciones) un camino descendente hacia pecados cada vez más graves? La respuesta se encuentra en el versículo 21: *No le daban gracias*.

¡Ese asunto de la ingratitud, aparentemente insignificante e inofensivo, resulta ser la fuente principal de todas las otras maldades mencionadas en este capítulo!

¿Ves lo grave que es el pecado de la ingratitud? Cuando nos entregamos a la queja, la murmuración y el lamento —sin honrar a Dios ni darle gracias— nos deslizamos en un tobogán destructivo que puede llevarnos a profundidades que nunca hubiéramos imaginado.

Hazlo personal

¿Cómo puede la ingratitud llevarnos a otros pecados en nuestra vida? Detente y dale gracias a Dios por todo lo que ha hecho por ti.

Señor, hoy te doy gracias por...

Señor, hoy te pido...

Día 111

/ /
DÍA MES AÑO

Un avivamiento personal

Conozcamos al SEÑOR; esforcémonos por conocerlo.
Tan cierto como que sale el sol, él habrá de manifestarse;
vendrá a nosotros como la lluvia de invierno, como
la lluvia de primavera que riega la tierra.
OSEAS 6:3 (NVI)

¿Estás cansada de tratar de ser una buena cristiana? ¿Estás sobrecargada y agotada con las actividades de la iglesia? ¿A veces sientes que simplemente estás siguiendo la rutina de la vida cristiana? ¿A menudo te sientes vacía espiritualmente? ¿Experimentas más tristeza y vergüenza que gozo y libertad? Si contestaste «sí» a alguna de estas preguntas, tal vez Dios te esté llamando a algo más profundo. Tal vez estés lista para experimentar un avivamiento personal.

Dios quiere revelarse en tu vida; quiere llenar tu corazón de Él. Quiere liberarte de toda pasión no santa y que bebas de las profundidades del gozo que hay en Su presencia. Quiere que tu servicio a Él sea lo que desborda de una vida auténtica y un amor genuino; quiere que reflejes Su gloria en nuestro mundo oscuro. Él quiere que tú —y toda Su iglesia— experimente un avivamiento.

Hazlo personal

Reescribe el texto de Oseas 6:3 con tus propias palabras y menciona áreas específicas de tu vida que quieres cambiar de forma radical con la ayuda de Dios.

Señor, hoy te doy gracias por…

Señor, hoy te pido…

Día 112

/ /
DÍA MES AÑO

Revestidas de humildad

Con humildad consideren a los demás
como superiores a ustedes mismos.
Filipenses 2:3 (nvi)

Nuestra inclinación natural no es hacia la humildad; es hacia el orgullo. Por naturaleza, buscamos atención, alabanza, honor y gloria para nosotras mismas. Sin embargo, cuando somos orgullosas, nos convertimos en enemigas de Dios, porque nos exaltamos a nosotras mismas en lugar de exaltarlo a Él.

Como seres humanos creados a imagen de Dios, ¡somos la mejor versión de nosotros mismos cuando glorificamos a Dios! Jesús dijo en el Sermón del Monte: «Bienaventurados los pobres en espíritu» (Mateo 5:3). Los que están en bancarrota espiritual, los que se dan cuenta de que no tienen nada que ofrecer, son bienaventurados. En cambio, los que se exaltan a sí mismos serán humillados.

Filipenses 2 nos señala el ejemplo supremo de la humildad de Cristo, que tomó la forma de siervo y se humilló a sí mismo muriendo en la cruz. ¿Y qué hizo Dios? Dios lo levantó. Cuando nos humillamos, Dios nos levanta a su debido tiempo. Cuando nuestros corazones son humildes, lo único que nos importa es que Dios reciba la gloria y que Jesús sea reconocido y adorado como Señor.

Hazlo personal

¿Qué situación estás enfrentando hoy que requiere tu humildad?

Señor, hoy te doy gracias por...

Señor, hoy te pido...

Día 113

___ / ___ / ___
DÍA MES AÑO

¿Editar o edificar?

Por eso, anímense y edifíquense unos a otros.
1 Tesalonicenses 5:11 (nvi)

Soy una editora de profesión. Eso significa que he pasado la mayor parte de mi vida tratando de corregir errores. Mi esposo dice que puedo detectar un error en una valla publicitaria mientras paso a 130 km por hora.

Aunque esa habilidad es útil para la revisión de textos, no es especialmente útil en las relaciones, mucho menos en el matrimonio. Si no tengo cuidado, tiendo a señalar la única cosa que está mal (desde mi punto de vista) y tardo más en identificar las 99 cosas que están bien.

En ocasiones, Robert me ha dicho: «Siento que me estás editando». Sé que en esos momentos siente que no le estoy apoyando. Lo que necesita es alguien que lo edifique, no alguien que lo edite. Así que me he propuesto animar a Robert.

Todas necesitamos la opinión sincera de quienes mejor nos conocen y pueden ayudarnos a ver lo que no vemos en nosotras mismas. Pero nuestra habilidad de hacer una crítica humilde y útil, que sea bien recibida, tiene relación directa con el esfuerzo que hagamos para animar al otro.

Hazlo personal

¿Hay áreas en las que estás «editando» a alguien en tu vida? ¿Cómo puedes concentrarte en alentarlos y edificarlos?

Señor, hoy te doy gracias por…

Señor, hoy te pido…

Día 114

/ /
DÍA MES AÑO

Una verdad inquebrantable

Con lisonjas seducirá a los violadores del pacto; mas el pueblo que conoce a su Dios se esforzará y actuará.
DANIEL 11:32

Podría parecer que nuestro mundo está fuera de control, que los malhechores están ganando y que Dios no puede (o no quiere) hacer nada al respecto.

En un ámbito más personal, puede parecer que Dios se muestra indiferente ante tu situación, lento a la hora de actuar, incluso fríamente despreocupado por los asuntos que pesan sobre tu mente y tu corazón, dificultades que te perturban y angustian y roban el gozo. Pero para aquel que «conoce a su Dios» (Daniel 11:32), ni siquiera los sucesos más temidos, drásticos o mortales pueden robarle la esperanza y la confianza en Él. Todo irá bien, aunque en ese momento todo esté patas arriba.

Esta verdad es inquebrantable, a pesar de todas las cosas que indican lo contrario. Incluso cuando las tormentas arrecian dentro y alrededor de nosotras, podemos dormir en paz, y cada mañana podemos despertarnos con un consuelo y un valor renovados gracias a esta realidad inmutable e irrefutable. Dios tiene el control.

Hazlo personal

¿Alguna vez te ha parecido que Dios no intervenía en una situación dolorosa? Mirando hacia atrás, ¿cómo puedes ver que Dios estaba actuando?

Señor, hoy te doy gracias por...

Señor, hoy te pido...

Día 115

/ /
DÍA MES AÑO

Un modelo de fe

Daniel... [eres] muy amado.
DANIEL 10:11

A lo largo de su vida, Daniel fue un pilar inquebrantable de fe, ejerciendo una influencia piadosa en un entorno de injusticia. Esto se debe a que fijó su mirada en una perspectiva de largo plazo: la certeza del reino eterno de Dios.

¿Puedes ver por qué el mensaje del libro de Daniel es tan aplicable y necesario hoy en día? Aquí, donde vivimos y servimos en la «Babilonia» que conocemos, la vida, las palabras y la conducta de Daniel son un modelo para los creyentes de todas las generaciones.

Por eso no considero una coincidencia que el Señor dirigiera mi atención a la historia de Daniel cuando mi propio mundo se tambaleaba en el 2020. A medida que leía este libro, sus enseñanzas se convirtieron en una roca sólida para mi fe. Y hoy, cuando la vida y el mundo a menudo parecen estar al revés, estas verdades perdurables me mantienen en el camino correcto.

Hazlo personal

¿Cómo te anima la vida de Daniel en tus circunstancias actuales?

Señor, hoy te doy gracias por...

Señor, hoy te pido...

Día 116

/ /
DÍA MES AÑO

Dosis diarias de gracia

Que vivan con toda humildad y mansedumbre, con paciencia, soportándose unos a otros en amor.
EFESIOS 4:2 (NBLA)

Tanto tú como tu esposo son seres humanos con capacidad de amar, odiar, apoyar y traicionar. Ambos cometen errores. Ambos necesitan dosis diarias de gracia.

Y cuanto más tengan esto en cuenta, más libres serán para crecer en el amor del uno por el otro. Incluso el mejor de los matrimonios implica que dos pecadores se humillen, acudan a Cristo, y reciban y dispensen gracia a diario.

Crecer en gracia como marido y mujer implica mucha aceptación y mucho «lo siento; me equivoqué». Significa pensar lo mejor del otro y no exigir la perfección. También significa conceder misericordia y perdón. Es bueno recordar que las fortalezas *y* las debilidades de tu esposo son justo lo que tú necesitas para convertirte en la persona que Dios quiere que seas. Y viceversa.

Ser consciente de esto no depende de lo bien que tu esposo acepte y te conceda su gracia. Es cuestión de confiar en Dios para darles gracia a ambos mientras perseveran en aprender más sobre el amor.

Hazlo personal

¿Cómo puedes mostrar gracia a tu esposo hoy?

Señor, hoy te doy gracias por…

Señor, hoy te pido…

Día 117

/ /
DÍA MES AÑO

Una vida disponible

Entonces María dijo: He aquí la sierva del Señor; hágase conmigo conforme a tu palabra.
Lucas 1:38

Las palabras de rendición de María en Lucas 1:38 deberían ser el grito del corazón de toda hija de Dios.

«Soy tu sierva, Señor; estoy disponible. ¿Quieres que me case? ¿Soltera? Me quedaré soltera. ¿Quieres que tenga hijos? Los criaré para tu gloria. ¿Quieres que no tenga hijos? Entonces produciré frutos espirituales en la vida de otros. ¿Quieres que sufra una enfermedad crónica? ¿Quieres que ame y sirva a ese esposo con el que es tan difícil vivir? ¿Quieres que tome a esa joven bajo mis alas y la guíe en tus caminos? ¿Quieres que renuncie a mi tiempo libre para servir en la comunidad? ¿Quieres que prepare comida para ese vecino malhumorado que está enfermo?

«Señor, ¡lo que tú quieras! Soy tu sierva. Hágase conmigo conforme a tu palabra».

Hazlo personal

Escribe una oración personal al Señor pidiéndole que haga que tu corazón esté dispuesto a seguirle en lo que Él te llame a hacer.

Señor, hoy te doy gracias por...

Señor, hoy te pido...

Día 118

/ /
DÍA MES AÑO

En voz alta

Ofrezcamos siempre a Dios... sacrificio de alabanza.
Hebreos 13:15

Mis responsabilidades me obligan a veces a pasar por un puente que cruza un río. En numerosas ocasiones, me he quedado totalmente fascinada al ver cómo brilla el sol sobre el agua en movimiento y, sin poder contenerme, he dicho en voz alta: «Gracias, Señor, por este paisaje: ¡es hermoso!».

Palabras de agradecimiento similares salen a menudo de mi corazón y mis labios, después de escuchar un sermón que ha hablado a mi corazón, cuando me conmueve la bondad o generosidad de una amiga, cuando recibo alguna bendición inesperada, o cuando soy testigo de la maravillosa gracia de Dios obrando en la vida de otra persona.

Las ocasiones para expresar nuestra gratitud abundan a nuestro alrededor. Cuando las reconocemos, nuestra reacción suele ser expresar la gratitud en silencio en nuestro interior. Pero la Biblia dice: «Ofrezcamos siempre a Dios... sacrificio de alabanza, es decir, fruto de labios que confiesan su nombre» (Hebreos 13:15).

Es importante no solo tener un corazón agradecido, sino dejar que lo que sientes en tu corazón se derrame en palabras.

Hazlo personal

Hoy, cuando veas cosas por las que estar agradecida, anotalas en el espacio abajo y expresa tu gratitud al Señor en voz alta.

Señor, hoy te doy gracias por...

Señor, hoy te pido...

Día 119

/ /
DÍA MES AÑO

Luz del mundo

Yo, la luz, he venido al mundo, para que todo aquel que cree en mí no permanezca en tinieblas.
JUAN 12:46

Durante la Fiesta de los Tabernáculos, un acontecimiento anual celebrado por los judíos, tenía lugar una ceremonia llamada la «Iluminación del Templo». Cada noche durante la fiesta, cuatro varones jóvenes subían escaleras para llenar de aceite cuatro cuencos dorados para lámparas y encender candelabros gigantes de más de 20 metros de altura. La luz no solo iluminaba el templo, sino también toda la ciudad. Recordaba a la gente la gran luz prometida por el profeta Isaías para los que andan en tinieblas.

Juan 8 recoge una escena dramática que tuvo lugar al día siguiente de esta ceremonia. Jesús proclamó con valentía: «Yo soy la luz del mundo; el que me sigue, no andará en tinieblas, sino que tendrá la luz de la vida» (Juan 8:12).

Jesús estaba diciendo que la luz del templo, aunque realmente magnífica, se apaga en algún momento; pero los que creen y le siguen a Él nunca caminarán en la oscuridad. Él es nuestra Luz, no solo un resplandor ocasional, sino una luz que tendremos para siempre.

Hazlo personal

¿De qué maneras has visto brillar la luz de Cristo en tu vida, en tu hogar, en tu iglesia y en tu comunidad?

Señor, hoy te doy gracias por...

Señor, hoy te pido...

Día 120

/ /

DÍA MES AÑO

Cómo santificar el nombre de Dios

Yo... les ruego que vivan de una manera digna del llamamiento que han recibido.

Efesios 4:1 (NVI)

Jesús vivió Su vida para la gloria de Dios. Por lo tanto, si queremos ser como Jesús, nos esforzaremos por santificar el nombre de Dios, tal como lo hizo Cristo.

Pero, en la práctica, ¿cómo podemos hacerlo? Primero, podemos santificar Su nombre *en nuestro corazón* al elegir pensamientos, deseos, prioridades y oraciones que sean dignos de Él.

Segundo, podemos santificar el nombre de Dios *en nuestra forma de hablar*. A menudo usamos Su nombre con ligereza y lanzamos frases espirituales y sin pensar.

Y tercero, podemos santificarlo *en nuestro caminar*. Dios se toma muy en serio cuando no lo defendemos como santo ante los demás.

Como dijo el comentarista bíblico William Barclay: «El nombre de Dios solo puede ser santificado cuando cada acción de nuestra vida es un testimonio de nuestra fe en Él, y cuando continuamente vivimos dignos del nombre que llevamos».[1]

---

[1] William Barclay, *The Lord's Prayer* (Louisville, KY: Westminister John Knox Press, 1998), 49-50.

Hazlo personal

Anota diferentes maneras en las que puedes santificar el nombre de Dios en tu corazón, en tu forma de hablar y en tu vida diaria.

Señor, hoy te doy gracias por...

Señor, hoy te pido...

Día 121

/ /

DÍA MES AÑO

Un claro contraste

¡Ay de mí! que soy muerto; porque siendo hombre inmundo de labios, y habitando en medio de pueblo que tiene labios inmundos, han visto mis ojos al Rey.

Isaías 6:5

En las Escrituras vemos que incluso los hombres y mujeres más santos fueron confrontados con la maravillosa santidad de Dios y fueron así movidos a una profunda contrición y quebrantamiento ante Él.

Cuanto más cerca estemos de Dios, más claramente veremos lo que somos en realidad. Mientras nos comparemos con los demás, siempre encontraremos a alguien que nos haga sentir bien. Pero cuando nos exponemos a la luz de la santidad de Dios, nuestra vida evidencia un claro contraste. Lo que antes parecía limpio y puro, de repente parece manchado y empañado. La luz pura de Su santidad deja al descubierto las grietas y las hendiduras de nuestro ser más íntimo.

Conocer a Dios, vivir en Su presencia y experimentar Su santidad es reconocer cuán necias y frágiles somos sin Él y despojarnos por completo de todo egocentrismo.

Hazlo personal

¿Hay alguna grieta en tu ser más íntimo que la luz pura de Su santidad esté dejando al descubierto?

Señor, hoy te doy gracias por...

Señor, hoy te pido...

Día 122

/ /
DÍA MES AÑO

Confiando en Dios para la próxima etapa

Dios es mi salvación, confiaré y no temeré.

Isaías 12:2 (NBLA)

Por la misericordia de Dios, mientras escribo hoy, estamos viendo los dos episodios de cáncer de mi esposo Robert a través del espejo retrovisor, aunque el proceso ha implicado más procedimientos quirúrgicos, transfusiones de sangre, pinchazos de agujas, tratamientos de quimioterapia, biopsias, tomografías y estadías en el hospital de lo que pensábamos que nuestras dos agendas (¡y el cuerpo de un hombre!) podrían acomodar. Cuando el cielo manda, tienes que hacer sitio.

Pero incluso con la sensación de alivio que sentimos hoy en ese aspecto, todavía debemos elegir deliberadamente confiar y alabar a Dios todos los días, independientemente de los planes que Dios haya diseñado para nosotros. Nuestra confianza mientras esperamos que Él desarrolle la próxima etapa de nuestra vida sigue siendo la misma hoy que antes de los diagnósticos.

El cielo gobierna. Es una verdad indiscutible. Y ninguna amenaza, ningún problema, ya sea en nuestro pequeño mundo o en el gran mundo que nos rodea, puede robarnos esa seguridad.

Hazlo personal

¿Cómo puedes elegir deliberadamente confiar en Dios en medio de las situaciones y circunstancias que vives hoy?

Señor, hoy te doy gracias por...

Señor, hoy te pido...

Día 123

/ /
DÍA MES AÑO

No demasiado alto

Si alguno quiere venir en pos de mí, niéguese a sí mismo, tome su cruz cada día, y sígame.
Lucas 9:23

Betty Scott creció en China, donde sus padres eran misioneros. Regresó a Estados Unidos para ir a la universidad y, durante ese tiempo, escribió una oración de entrega incondicional a Jesús:

> Señor, te doy todos mis propios planes y propósitos, todos mis deseos, esperanzas y ambiciones, y acepto tu voluntad para mi vida. Entrego mi ser, mi vida, mi todo, completamente a ti, para ser tuya por siempre. Entrego a tu cuidado todas mis amistades; todas las personas a quienes amo deben ocupar un segundo lugar en mi corazón. Lléname ahora y séllame con tu Espíritu. Obra toda tu voluntad en mi vida a cualquier costo, porque para mí vivir es Cristo. Amén.[1]

Betty regresó a China en 1931 para servir en la China Inland Mission y más tarde se casó con John Stam. Apenas tres meses después de nacer su hija, fueron tomados como rehenes por soldados comunistas y fueron decapitados. Aunque algunos considerarán que el coste fue exorbitante, tengo la certeza de que Betty, habiendo entregado su vida por Cristo, no hubiera pensado que el precio era demasiado alto.

---

[1] Betty Scott Stam, 1925, citada en Elisabeth Elliot, *Quest for Love* (Grand Rapids, MI: Revell, 1996), 131.

Hazlo personal

Reescribe la oración de Betty, aplicada a tu vida y a las personas que te rodean.

Señor, hoy te doy gracias por...

Señor, hoy te pido...

Día 124

/ /
DÍA MES AÑO

La bondad empieza en casa

Cuando habla, lo hace con sabiduría;
cuando instruye, lo hace con amor.
Proverbios 31:26 (nvi)

En ningún lugar me siento más tentada a ser egoísta que en mi propio hogar y en mis relaciones más cercanas. Y me temo que esto es cierto para la mayoría de nosotras. Con demasiada frecuencia, mostramos más preocupación y bondad por vecinos, colegas o completos desconocidos que por aquellos que viven bajo el mismo techo que nosotras o que están emparentados con nosotras por sangre o matrimonio.

Administrar un hogar requiere diligencia y disciplina cada día. Pero también requiere amabilidad.

Y ahí es donde las cosas pueden ponerse difíciles.

Sí, la amabilidad en casa requiere un esfuerzo adicional. Pero si todas demostráramos verdadera amabilidad hacia las personas que mejor nos conocen y nos ven en nuestros peores momentos, nuestras muestras de afecto más públicas probablemente parecerían más genuinas. Y sospecho que, si mostráramos más amabilidad en casa, también nos daríamos cuenta de que cada vez somos más amables con los demás.

Hazlo personal

¿Qué revela sobre nuestro corazón el hecho de ser más amables con personas desconocidas que con las de nuestra casa?

Señor, hoy te doy gracias por...

Señor, hoy te pido...

Día 125

/ /

DÍA MES AÑO

Guiar a otros a Jesús

Su madre dijo a los que servían:
«Hagan todo lo que Él les diga».
JUAN 2:5 (NBLA)

En el Evangelio de Juan encontramos el relato de Jesús en las bodas de Caná. Ante la escasez de vino, María llamó la atención de los sirvientes hacia Jesús con estas palabras: «Hagan todo lo que Él les diga». Utilizó su influencia para dirigir a otros hacia Jesús y los animó a obedecerlo y seguirlo.

Haríamos bien en seguir el ejemplo de María. Cuando amigos y conocidos vienen a nosotras con problemas, nuestro papel no es resolver sus problemas, sino guiarlos a Jesús y animarlos a «hacer todo lo que Él les diga».

Al parecer, María también influyó para que sus propios hijos siguieran a Jesús. Durante su ministerio terrenal, los medio hermanos de Jesús no creyeron en Él (Juan 7:5). Sin embargo, para cuando nació la iglesia primitiva, ya se habían convertido (Hechos 1:14); dos de ellos —Judas y Santiago— escribieron los libros del Nuevo Testamento que llevan sus nombres. María seguramente fue una de las influencias clave que los llevó a creer en Jesús.

Hazlo personal

¿De qué maneras puedes guiar a otros a Jesús cuando te hacen preguntas o te piden consejo?

Señor, hoy te doy gracias por...

Señor, hoy te pido...

Día 126

/ /
DÍA MES AÑO

La visión global

¡Miren a las naciones! ¡Contémplenlas
y quédense asombrados!
Habacuc 1:5 (nvi)

«La visión global». Esta frase se utiliza en el mundo de los negocios para describir la misión general de una empresa. A un empleado se le anima a mirar la visión global cuando los detalles amenazan con abrumarle.

Sin embargo, la «visión global» de un ejecutivo nunca puede compararse con la de Dios. La misión más significativa proviene de dejar a un lado nuestros propios planes y obtener la perspectiva de Aquel que puede ver hasta la eternidad. Dios le dijo al profeta Habacuc: «¡Miren a las naciones! ¡Contémplenlas y quédense asombrados!» (Habacuc 1:5, nvi).

Una de las razones por las que las oraciones de Habacuc parecían no ser escuchadas era que estaba buscando la respuesta en el lugar equivocado. Se centraba en su propia nación y en su propio pueblo, mientras Dios dirigía los acontecimientos mundiales.

Siempre debemos orar sabiendo que Dios puede estar haciendo algo mucho más grande de lo que podemos imaginar. Aunque no podamos ver la visión global, podemos confiar en Aquel que sí la ve. Podemos orar como nuestro Salvador: «No se haga mi voluntad, sino la tuya» (Lucas 22:42).

Hazlo personal

¿Qué planes necesitas dejar a un lado para obtener la perspectiva de Aquel que puede ver hasta la eternidad?

Señor, hoy te doy gracias por...

Señor, hoy te pido...

Día 127

/ /
DÍA MES AÑO

Lo que Dios diga

Abre mis ojos, para que vea las verdades maravillosas que hay en tus enseñanzas.
Salmo 119:18 (ntv)

Un hábito que ha influido positivamente en mi vida devocional es la de cada día comenzar mi tiempo en la Palabra orando al Señor con las mismas palabras de las Escrituras, como el Salmo 119:18 o el Salmo 25:4-5 (nvi):

Señor, hazme conocer tus caminos;
  y enséñame tus sendas.
Encamíname en tu verdad.
Y enséñame,
  porque tú eres mi Dios y mi salvación.
  ¡En ti pongo mi esperanza todo el día!

Mientras oro, me comprometo con Dios a obedecer todo lo que Él me diga por medio de Su Palabra. «Dame entendimiento para seguir tu Ley y la cumpliré de todo corazón» (Salmo 119:34, nvi). Le estoy diciendo a Dios: «Lo que Tú digas, me guste o no, sea fácil o no, por Tu gracia y Tu poder *obedeceré*».

Hazlo personal

Reescribe con tus propias palabras el texto de uno de los versículos anteriores y úsalo como oración al Señor. Comprométete a obedecer todo lo que Él te diga.

Señor, hoy te doy gracias por...

Señor, hoy te pido...

Día 128

/ /
DÍA MES AÑO

Mirando hacia atrás

El corazón del hombre traza su rumbo, pero sus pasos los dirige el Señor.
Proverbios 16:9 (NVI)

La providencia de Dios a menudo se ve mejor cuando miramos hacia atrás, hacia lo que ya hemos pasado. Eso no quiere decir que toda mirada retrospectiva nos mostrará todo lo que hay que ver. Pero si reflexionamos sobre lo que enfrentamos en el pasado y miramos con ojos de fe, a menudo la vista en el espejo retrovisor se enfocará y obtendremos una visión más clara de cómo Dios ha estado actuando en nuestra vida.

Mirar hacia delante, por el parabrisas, es algo diferente. Podemos creer que sabemos a dónde nos dirigimos, solo para descubrir que no teníamos ni idea. Lo que realmente ocurre quizás no sea para nada lo que habíamos previsto o anticipado. Lo que vemos al mirar hacia delante es nuestra historia, nuestras circunstancias vistas desde nuestra perspectiva finita y limitada. Lo que aparece cuando miramos hacia atrás es la historia que Dios escribió: lo que Él ve, sabe y tiene en mente; y la manera en que siempre obra para nuestro bien y Su gloria.

Hazlo personal

Reflexiona sobre cómo has visto a Dios actuar en tu vida.

Señor, hoy te doy gracias por...

Señor, hoy te pido...

Día 129

/ /

DÍA MES AÑO

El fruto del engaño

Hay camino que al hombre le parece derecho;
pero su fin es camino de muerte.
PROVERBIOS 14:12

Como dijo el pastor puritano Thomas Brooks: «Satanás promete dar lo mejor, pero paga con lo peor; promete honra y paga con deshonra, promete placer y paga con dolor, promete ganancias y paga con pérdidas, promete vida y paga con muerte».[1]

Satanás utiliza el engaño para ganarse nuestra simpatía, influir en nuestras decisiones y destruir nuestra vida. De un modo u otro, todos los problemas que enfrentamos son fruto del engaño, el resultado de creer algo que no es verdad.

Aunque Satanás ofrece la brillante promesa de «una buena vida», sabe bien que los que aceptan su oferta sin duda morirán.

Cada vez que recibimos información que no concuerda con la Palabra de Dios, podemos estar seguras de que Satanás está tratando de engañarnos y destruirnos. Puede sonar bien o parecer correcto, pero si es contrario a la Biblia, no es correcto. Debemos comprender que ese fruto prohibido que parece tan maduro y sabe tan dulce en el primer momento, siempre conduce al final a la muerte y la destrucción.

---

[1] *Smooth Stones Taken from Ancient Brooks*, comp. Charles H. Spurgeon (Morgan, PA: Soli Deo Gloria, 1996), 93.

Hazlo personal

A lo largo de tu día, ¿cómo puedes asegurarte de que lo que oyes y ves concuerda con la Palabra de Dios?

Señor, hoy te doy gracias por...

Señor, hoy te pido...

Día 130

/ /
DÍA MES AÑO

El Buen Pastor

Porque el Cordero que está en medio del trono los pastoreará, y los guiará a fuentes de aguas de vida.
APOCALIPSIS 7:17

Las ovejas no pueden valerse por sí mismas, por eso necesitan un pastor. En realidad, no somos muy diferentes de las ovejas: necesitamos al Pastor para nuestra sobrevivencia. Por eso, ¡qué alegría cuando nos damos cuenta de que Dios siempre ha sido el Pastor de Su pueblo, de forma colectiva e individual. En el Antiguo Testamento encontramos todo esto y, además, la promesa de un Pastor que vendrá.

Ese Pastor ha venido y se llama Jesús. Las ovejas le pertenecen y Él las conoce. Nuestro Buen Pastor tiene una relación personal con Sus ovejas. Podemos estar en medio de una multitud y sentirnos desconocidas, pero en el redil de Jesús no nos perdemos. Él sabe nuestros nombres y conoce nuestro pasado, nuestras tendencias y nuestras debilidades. Sabe dónde nos sentimos tentadas y probadas, y conoce nuestras necesidades.

Este Buen Pastor guía a Sus ovejas. Va delante de ellas. Conoce el terreno y puede guiarlas por los lugares más difíciles. ¿Dejarás que Él te guíe?

Hazlo personal

¿Cómo te anima hoy saber que Jesús es tu Pastor? ¿Cómo te ha guiado Él a través de lugares difíciles en el pasado?

Señor, hoy te doy gracias por...

Señor, hoy te pido...

Día 131

/ /
DÍA MES AÑO

A través de la niebla

Porque ahora vemos por un espejo, veladamente,
pero entonces *veremos* cara a cara.
1 Corintios 13:12 (NBLA)

Una vez, estando de vacaciones cerca de las montañas Grand Teton, en Wyoming, decidí hacer una excursión. A pesar de que la vista estaba cubierta de niebla, decidí continuar.

Sabía que había una vista impresionante, pero no podía verla. El apóstol Pablo describe así la vida cristiana en 1 Corintios 13. Sabemos que existe un propósito, pero está oscurecido por la niebla del tiempo y el espacio. Sin embargo, Pablo nos da motivos para mantener la esperanza: «entonces conoceré plenamente, como he sido conocido» (1 Corintios 13:12, NBLA).

Sí, el camino de la fe puede ser empinado. Pero para los que siguen adelante para conocerle, tenemos la promesa de Dios de que un día saldremos de la niebla y llegaremos a la brillante, clara y deslumbrante luz del sol. La vista en la cima será espectacular, pues allí es donde por fin contemplaremos a Jesús. La espera merecerá la pena.

Hazlo personal

¿De qué manera el saber que hay una «vista espectacular en la cima» te da esperanza para seguir adelante en tu vida cristiana?

Señor, hoy te doy gracias por...

Señor, hoy te pido...

Día 132

/ /
DÍA MES AÑO

Una boca vigilada

SEÑOR, ponme en la boca un centinela;
un guardia a la puerta de mis labios.
SALMO 141:3 (NVI)

La presencia de un guardia indica la posibilidad de peligro. No protegemos algo que no necesita protección.

Fíjate dónde está colocada el guardia en el Salmo 141:3. No en el oído para protegernos de palabras que nos puedan herir. Ni en el corazón para escudarnos de las heridas que nos puedan infligir los demás. Más bien, el salmista pidió a Dios que pusiera un centinela en su propia boca, sabiendo que el mayor peligro al que se enfrentaba no era lo que los demás pudieran hacerle, sino lo que él pudiera decir que lastimara a los demás.

Nuestra lengua puede ser un arma peligrosa. Las palabras descuidadas, duras o inoportunas causan dolor a quienes las escuchan. Con demasiada frecuencia dejamos que nuestras palabras corran sin freno. Aunque luego nos arrepintamos de nuestras palabras, nunca podremos retirarlas. Es mejor poner una guardia en nuestra boca y evitar el peligro de la indiscreción, que tratar de «retirar» palabras que nunca debimos haber dicho en primer lugar.

Hazlo personal

¿Qué medidas prácticas puedes tomar hoy para cuidar tus palabras y controlar tu lengua?

Señor, hoy te doy gracias por...

Señor, hoy te pido...

Día 133

/ /
DÍA MES AÑO

Es para todos

Sean ustedes santos en todo lo que hagan, como también es santo quien los llamó.
1 Pedro 1:15 (nvi)

Todos los que invoquen el nombre del Señor están llamados a vivir una vida santa.

La santidad es para mamás que se sienten desanimadas y que luchan con la tentación de sentir compasión de sí mismas o de buscar los brazos de un hombre atento. Es para estudiantes constantemente presionados a conformarse y a entregarse a formas impías de entretenimiento.

Es para las viudas, las divorciadas y las solteras que se sienten solas y luchan por mantenerse sexualmente puras. Es para esposos y esposas que lidian con la amargura hacia cónyuges que han abusado de ellos o los han abandonado. Es para los hombres que se sienten tentados a engañar a sus esposas o a ceder su liderazgo espiritual en el hogar.

Dios sabe que los creyentes no podemos ser santos sin Él. Por eso ha hecho provisión para que podamos vencer el pecado a través de Cristo. Por eso ha enviado Su Espíritu a vivir en nuestros corazones. Y por eso nos ha dado un recurso sobrenatural llamado gracia que nos da el deseo y el poder de ser santos.

Hazlo personal

¿Con qué áreas de tu vida estás luchando para vivir con santidad? Pídele a Dios que derrame Su gracia en medio de las dificultades que enfrentas.

Señor, hoy te doy gracias por...

Señor, hoy te pido...

Día 134

/ /

DÍA MES AÑO

Emanuel

Por eso, el Señor mismo les dará una señal: La virgen concebirá y dará a luz un hijo y lo llamará Emanuel.

Isaías 7:14 (NVI)

El profeta Isaías animó a Acaz a pedir una señal de la promesa de Dios, pero Acaz no quería una señal. No estaba dispuesto a poner su confianza en el Señor. Pero Dios le daría una señal, sin importar si la quería o no, por su bien, pero también por el bien del pueblo de Dios.

Se trataba de una promesa de que la nación de Judá no se extinguiría, por muchos reyes y naciones amenazantes que la rodearan. Un niño llamado Emanuel vendría a liberarlos y tendrían un futuro glorioso.

Los estudiosos de la Biblia difieren en cuanto al grado de cumplimiento de esta profecía en tiempos de Acaz. Pero sabemos que la profecía encontró su cumplimiento definitivo unos 700 años más tarde, con el nacimiento de Jesús.

Emanuel significa que tenemos un Dios que no está lejos, sino que está con nosotros: un Dios que vino para experimentar nuestra vida y nuestra humanidad.

Hazlo personal

¿Cómo te anima a enfrentar cualquier dificultad saber que Dios siempre está cerca de ti?

Señor, hoy te doy gracias por...

Señor, hoy te pido...

Día 135

/ /
DÍA MES AÑO

Guardada en tu corazón

He guardado tu palabra en mi corazón.
SALMO 119:11 (NTV)

El libro *Evidence Not Seen* [La evidencia que no se ve] es la conmovedora historia de Darlene Deibler Rose, una misionera estadounidense que pasó cuatro años en un campo de prisioneros japonés durante la Segunda Guerra Mundial. Ella recuerda que Dios utilizó las Escrituras que había memorizado de niña para sostenerla durante su terrible experiencia:

> En la celda me sentía agradecida por aquellos días... cuando memorizaba numerosos versículos, capítulos y salmos enteros, y hasta libros enteros de la Biblia. En los años siguientes, repasé las Escrituras con frecuencia. El Señor me alimentó con el Pan de Vida que había almacenado para cuando la provisión de pan fresco se terminara al no tener mi Biblia. Él trajo consuelo y aliento diario —sí, y gozo— a mi corazón mediante el conocimiento de la Palabra.[1]

Puede que nunca nos detengan en un campo de prisioneros, pero memorizar las Escrituras nos traerá consuelo, ánimo y alegría a lo largo de nuestros propios días oscuros.

[1] Darlene Deibler Rose, *Evidence Not Seen* (San Francisco: Harper & Row, 1988), 143.

Hazlo personal

¿Qué versículos vas a memorizar hoy?

Señor, hoy te doy gracias por...

Señor, hoy te pido...

Día 136

/ /
DÍA MES AÑO

No te preocupes, solo adora

Pero yo confío en tu gran amor;
mi corazón se alegra en tu salvación.
SALMO 13:5 (NVI)

Hace varias décadas, una canción popular animaba a los oyentes a «No te preocupes, sé feliz». Tal vez este llamamiento a una vida despreocupada hizo que algunos se relajaran, pero es poco probable que la canción tuviera un impacto duradero.

Aunque una melodía contagiosa no es la respuesta, cantar puede combatir la preocupación. El salmista también expresaba a menudo su preocupación, pero luego la veía desaparecer a la luz de la gloria de Dios. El Salmo 13 comienza así: «¿Hasta cuándo, SEÑOR, me tendrás en el olvido?» (v. 1, NVI). Pero al final del capítulo el salmista ha sido transformado por la adoración: «Cantaré salmos al SEÑOR, porque ha sido bueno conmigo» (v. 6, NVI).

Cuando enfrentes las luchas diarias, ¿responderás con fe adorando y cantando al Señor?

Hazlo personal

¿Qué preocupaciones tienes hoy en el corazón?
Adora y canta al Señor, ¡y mira lo que sucede!

Señor, hoy te doy gracias por...

Señor, hoy te pido...

Día 137

/ /
DÍA MES AÑO

Lo borró todo

Él nos libró del dominio de la oscuridad y nos trasladó al reino de su amado Hijo.
COLOSENSES 1:13 (NVI)

Antes, el «registro» de nuestro pecado estaba a la vista, acusándonos, exponiéndonos y vindicando la justa ira de Dios contra nosotras. Pero con solo presionar la tecla de borrar, nuestro santo y misericordioso Dios lo borró todo. Nada quedó guardado en la nube. Nada quedó impreso en papel. Nada archivado en caso de que resultara útil sacarlo de nuevo algún día.

Todo borrado. Para siempre. Todo gracias a la muerte de Cristo en la cruz, en nuestro lugar. Nuestra deuda fue cancelada.

Colosenses 2:13-14 lo expresa así: Como creyentes, Dios nos ha perdonado «todos los pecados, anulando el acta de los decretos que había contra nosotros, que nos era contraria, quitándola de en medio y clavándola en la cruz». Luego nos trata como si el pecado nunca ocurrió. Esta es la increíble manera en que Dios nos ha perdonado.

Hazlo personal

¿Necesitas pedir la ayuda de Dios para perdonar a alguien de la misma manera que Él te ha perdonado?

Señor, hoy te doy gracias por...

Señor, hoy te pido...

Día 138

/ /
DÍA MES AÑO

El alto precio de la resistencia

Porque todo el que quiera salvar su vida, la perderá; y todo el que pierda su vida por causa de mí y del evangelio, la salvará.
Marcos 8:35

¿Temes lo que te podría costar un estilo de vida de rendición plena a Cristo? Entonces considera el costo de resistirte a Dios. Pienso en creyentes que conozco que han desperdiciado trágicamente lo que pudieron haber sido los años más productivos y fructíferos de sus vidas. Se conformaron con condiciones de tiempos de guerra cuando podrían haber disfrutado las bendiciones de la paz.

La verdad es que la resistencia es mucho más costosa que la rendición. Rechazar la generosa provisión de salvación de Dios y no arrepentirse acatando Su mandato significa castigo eterno por el pecado. Para los seguidores de Cristo, cualquier resistencia a la voluntad de Dios les impedirá disfrutar de una vida abundante y creará barreras en la comunión con Él.

Sin embargo, nuestro Dios abunda en misericordia y gracia, y está dispuesto a ofrecer un perdón total y completo a los que se rinden a Él.

Hazlo personal

¿Qué precio has pagado por resistirte a Dios en algún aspecto de tu vida? ¿Qué bendición has experimentado al cederle el control a Él?

Señor, hoy te doy gracias por...

Señor, hoy te pido...

Día 139

/ /
DÍA MES AÑO

La Resurrección y la Vida

«¡No tengas miedo! Yo soy el Primero y el Último. Yo soy el que vive. Estuve muerto, ¡pero mira! ¡Ahora estoy vivo por siempre y para siempre! Y tengo en mi poder las llaves de la muerte y de la tumba».

APOCALIPSIS 1:17-18 (NTV)

Desde la Caída, la muerte ha sido una parte inevitable y dolorosa de la vida. Todas hemos pasado por el dolor que produce y, tarde o temprano, experimentaremos la muerte en carne propia.

Pero Jesús da vida abundante y eterna a quienes confían en Él; trae esperanza donde, de otro modo, solo habría desesperación. En Jesús, la muerte no es definitiva.

En el funeral de mi hermano menor, David, el pastor dijo: «Pensamos en David como si se hubiera ido de la tierra de los vivos a la tierra de los muertos, pero el hecho es que David se ha ido de la tierra de los moribundos a la tierra de los vivos». Esa es la verdad, para los que creen en Jesús.

Jesús vino a redimir no solo nuestras almas, sino también nuestros cuerpos. Cada parte y partícula de nuestro ser disfrutará un día Su vida resucitada.

Hazlo personal

¿Cómo te da esperanza en el presente conocer a Jesús como la Resurrección y la Vida? ¿Cómo te da esperanza para el futuro?

Señor, hoy te doy gracias por...

Señor, hoy te pido...

Día 140

/ /
DÍA MES AÑO

Temblar ante Su Palabra

¡Oh, cuánto amo tus enseñanzas!
Pienso en ellas todo el día.
SALMO 119:97 (NTV)

Las Escrituras dicen que Dios ha engrandecido Su Palabra sobre todas las cosas (Salmo 138:2). Si Dios tiene en tan alta estima Su Palabra, ¿cuál debe ser nuestra actitud hacia ella?

En el Salmo 119, David habla de amar la Palabra, reverenciarla, regocijarse en ella, anhelarla, confiar en ella y temerla. Dios dice por medio del profeta Isaías: «Yo estimo a los pobres y contritos de espíritu, a los que tiemblan ante mi palabra» (Isaías 66:2, NVI).

¿Qué significa temblar ante la Palabra del Señor? Significa tener una actitud de asombro y temor reverente. Es lo contrario de una actitud arrogante.

Mi padre tenía una gran reverencia y amor por la Palabra de Dios. Como una manera de demostrar ese respeto, nunca colocaba nada sobre la Biblia, un hábito que yo misma he adoptado, no porque el papel o cuero tengan propiedades místicas o un valor inherente, sino como una manera visible de honrar su contenido.

Hazlo personal

¿Cuál es tu actitud hacia la Palabra de Dios?
¿Cómo puedes aumentar tu amor y reverencia por ella?

Señor, hoy te doy gracias por...

Señor, hoy te pido...

Día 141

/ /
DÍA MES AÑO

Decir la verdad

Oren por nosotros, pues tenemos la conciencia limpia y deseamos comportarnos con integridad en todo lo que hacemos.
Hebreos 13:18 (ntv)

Hace años escuché un sermón y todavía recuerdo lo desdichada que me sentí bajo la convicción del Espíritu. Unos años antes, como estudiante universitaria, había mentido en varios informes semanales que entregué a mi departamento. Sabía que tenía que corregir la situación.

Por mi deseo de ser honesta en todo lo que expresaba, el Señor me llevó a comprometerme a decir la verdad a cada persona, en cualquier situación, sin importar el costo. También me comprometí a que, cada vez que faltara a la verdad, volvería atrás y lo rectificaría. Lo he tenido que hacer tanto en privado como en público; y, como resultado, he experimentado la gran libertad y gozo de tener la conciencia limpia ante Dios y ante los demás.

Cuando la verdad de la Palabra de Dios entra en nuestros corazones, nos protege del engaño y de pecar con la lengua. A veces es difícil decir la verdad, pero las consecuencias de mentir son mucho más costosas.

Hazlo personal

¿Hay áreas en tu vida en las que no has sido completamente sincera? ¿Qué necesitas hacer para corregirlo?

Señor, hoy te doy gracias por...

Señor, hoy te pido...

Día 142

/ /
DÍA MES AÑO

Completamente entregadas a Su reino

Es necesario que... anuncie el evan5gelio del reino de Dios.
LUCAS 4:43

El reino de Dios es un hilo conductor que recorre toda la Biblia. Lucas 4 nos dice que Jesús vino a predicar el reino de Dios (v. 43). Mateo tiene aproximadamente 40 referencias al reino de Dios o al reino de los cielos.

El reino de Dios no es un territorio geográfico, sino que tiene que ver con el control soberano de Dios. Orar para que venga Su reino es reconocer y someterse a Su gobierno en todos los asuntos, grandes o pequeños.

Dios es Rey sobre toda la tierra. Todos los demás poderes y gobernantes están sujetos a Él. Pueden parecer poderosos hoy, pero solo tienen ese poder en la medida en que Dios se lo permite.

El reino de Dios también tiene un aspecto personal. Para los que hemos recibido a Cristo, Él reina y gobierna en nuestro corazón. En consecuencia, nuestras vidas deben reflejar los valores de Su reino.

Ya sea en el trabajo, en casa o en la iglesia, en todo momento y en todas las situaciones, nuestra vida debe reflejar lo que significa amar al Rey y a Su reino.

Hazlo personal

¿Cómo serían diferentes las cosas en tu vida si tu corazón estuviera completamente entregado al reino de Dios?

Señor, hoy te doy gracias por...

Señor, hoy te pido...

Día 143

/ /

DÍA MES AÑO

Pasar por encima de su cabeza

Espera en el SEÑOR y guarda Su camino.

SALMO 37:34 (NBLA)

Una vez tuve un jefe que me dijo amablemente: «Está bien que pongas tus cartas sobre la mesa, pero una vez que lo hagas, quita tus manos».

Mi temperamento natural es hincarle el diente a algo y no soltarlo hasta que la otra persona diga: «Bien, tú ganas». Lamentablemente, esa tendencia rara vez es efectiva en el matrimonio o en cualquier relación. Cuando le planteo a Robert una preocupación con un espíritu amable, y luego le dejo el asunto a él, las cosas van mucho mejor. Cuando él sabe que confío en Dios para actuar por medio del liderazgo de él, está *más* dispuesto a escucharme.

¡Qué alivio es saber que no somos responsables de producir la obediencia de nuestro esposo! Solo Dios puede hacerlo. Lo que tenemos que hacer es *orar* por el hombre de nuestra vida y por nuestros desacuerdos.

Si lo que le decimos es sabio, pero nuestro esposo no parece dispuesto a escuchar, la mejor manera de llegar a él es ir «por encima de su cabeza» a Aquel que puede mover su corazón a hacer lo que es correcto, el Señor.

Hazlo personal

¿Estás en desacuerdo con alguna persona que tiene autoridad? Pídele a Dios que te ayude a confiar en Él para que dirija a esa persona hacia lo que es correcto.

Señor, hoy te doy gracias por...

Señor, hoy te pido...

Día 144

/ /
DÍA MES AÑO

La mejor respuesta

No hay nada encubierto que no llegue a revelarse ni nada escondido que no llegue a conocerse.
LUCAS 12:2 (NVI)

¿Por qué crees que Dios le preguntó a Adán: «¿Dónde estás?», cuando Adán se escondió de Él en el huerto de Edén, en lugar de simplemente decirle que Él había visto todo lo que Adán había hecho?

Esto nos enseña en parte cómo Dios lidia con nosotras cuando pecamos. Dios da fielmente a sus hijos descarriados la oportunidad de arrepentirse. Quiere que rompamos el silencio y admitamos nuestra maldad.

Puede hacerlo enviando a uno de sus siervos a confrontarnos, o haciéndonos sufrir las consecuencias de nuestro pecado, o permitiéndonos experimentar un sentido más profundo de Su amor y misericordia. Sea cual sea la forma que Dios elija para llamar nuestra atención, la mejor respuesta es la sinceridad.

Las Escrituras nos recuerdan que somos responsables ante un Dios que todo lo ve y todo lo sabe. Podemos estar seguras de que fracasará todo intento de ocultar nuestros pecados.

Hazlo personal

¿Hay algo que intentas ocultar a Dios?
Confiésaselo y experimenta hoy Su perdón.

Señor, hoy te doy gracias por...

Señor, hoy te pido...

Día 145

/ /
DÍA MES AÑO

Un enfoque diferente

Cada uno debe velar no solo por sus propios intereses, sino también por los intereses de los demás.

Filipenses 2:4 (nvi)

Las personas agradecidas son personas amorosas que buscan bendecir a los demás, mientras que las personas desagradecidas se sienten inclinados a complacerse a sí mismas. Tienden a centrarse en sus necesidades, sus heridas, sus sentimientos y sus deseos. Una persona desagradecida está llena de sí misma y raras veces se detiene a considerar las necesidades y los sentimientos de los demás.

Creo que esta es la razón por la que un resultado final común de la ingratitud es el pecado de impureza moral. Una persona encerrada en sí misma, cuyo mundo gira en torno a la satisfacción de sus propias necesidades, es la carnada perfecta para un tentador que se alimenta de acusar a Dios de ser injusto y poco generoso.

Un corazón desagradecido se da cuenta rápidamente cuando se siente insatisfecho, y es vulnerable a recurrir a actos y comportamientos pecaminosos en un intento de eliminar el dolor y experimentar placer personal.

A medida que maduramos en Cristo y nos centramos más en agradarle, nuestra inclinación natural cambiará hacia servir a Dios y satisfacer las necesidades de los demás por pura gratitud por lo que Dios ha hecho por nosotras.

Hazlo personal

¿Qué cambios puedes hacer en tu vida para centrarte más en servirle a Dios y en satisfacer las necesidades de los demás?

Señor, hoy te doy gracias por...

Señor, hoy te pido...

Día 146

/ /

DÍA MES AÑO

Dios cumple Su palabra

Eres bendita porque creíste que el Señor
haría lo que te dijo.
Lucas 1:45 (NTV)

Cuando el ángel se le apareció a María con un mensaje de Dios, ella confío en Su palabra. Ella tuvo fe en Su capacidad para cumplir Su promesa que parecía imposible. Fue esa fe en Dios y en Su Palabra lo que activó el poder y la bendición de Dios en la vida de María. Como resultado, Dios cumplió Su promesa y nació el Salvador.

¿Qué pasaría si el pueblo de Dios creyera en Sus promesas y se aferrara a Él en oración, creyéndole por lo imposible: por la reconciliación de matrimonios rotos, por la salvación de amigos y parientes incrédulos, por la transformación espiritual de hijos descarriados, por un nuevo derramamiento de Su Espíritu en un verdadero avivamiento? ¡Podríamos ver a Dios liberar desde el cielo el mayor despertar que nuestro mundo haya conocido jamás!

Hazlo personal

¿Qué cosa «imposible» en tu vida requiere tu confianza en Dios hoy? Decide creer en sus promesas sabiendo que Él actuará.

Señor, hoy te doy gracias por...

Señor, hoy te pido...

Día 147

/ /
DÍA MES AÑO

Si tan solo...

Pero gran ganancia es la piedad acompañada de contentamiento.
1 Timoteo 6:6

Con los años, me he dado cuenta de que el contentamiento es una decisión. El verdadero gozo no es el resultado de tener todo lo que quiero, sino de recibir con gratitud exactamente lo que Dios me ha dado. El enemigo nos ha robado el gozo a muchas al hacernos vivir bajo el lema de «si tan solo...». Creemos que seríamos felices «si tan solo...».

«Si tan solo tuviera un esposo...» o «¡Si tan solo *no* tuviera un esposo...!» o «Si tan solo tuviera un esposo *diferente*».

«Si tan solo tuviéramos hijos...». «Si tan solo no tuviéramos tantos hijos...». «Si tan solo tuviera un trabajo diferente...». «Si tan solo viviera en un lugar diferente...». «Si tan solo pudiera tener mi propia casa...». «Si tan solo ganara más dinero...».

El hecho es que si no estamos satisfechas con lo que tenemos, nunca lo estaremos con aquello que creemos que nos hace falta.

Hazlo personal

¿Cómo puedes dejar de lado los «si tan solo...» y vivir gozando de todo lo que Dios te ha dado?

Señor, hoy te doy gracias por...

Señor, hoy te pido...

Día 148

/ /
DÍA MES AÑO

Objetivo único

Ahora no entiendes lo que hago,
pero algún día lo entenderás.
Juan 13:7 (NTV)

No sé mucho de fotografía, pero sé que la mayoría de los fotógrafos profesionales utilizan lo que se llama una cámara réflex de objetivo único (SLR). Cuando salió al mercado, supuso un gran avance en la tecnología de las cámaras. Otras cámaras de la época obligaban al fotógrafo a mirar por el visor en lugar de por el lente directamente. Lo mejor que se podía hacer era adivinar el aspecto final de la imagen. Porque la imagen real no era la que se veía en el visor, sino la que estaba al otro lado del lente.

Cuando observamos lo que ocurre en nuestro mundo, en nuestro hogar, en nuestras relaciones o en nuestro cuerpo, tú y yo podemos elegir entre varias opciones de visor, distintas formas de intentar percibir e interpretar lo que vemos. Pero, aunque inevitablemente «vemos de manera indirecta y velada, como en un espejo» (1 Corintios 13:12, NVI), veremos mucho más claramente si nuestros ojos están puestos en lo que realmente está ocurriendo, no en los muchos puntos de vista terrenales y temporales que se disfrazan de importancia.

Hazlo personal

¿Con qué lente estas mirando los acontecimientos actuales?

Señor, hoy te doy gracias por...

Señor, hoy te pido...

Día 149

/ /
DÍA MES AÑO

Nuestro Abogado

Hijitos míos, les escribo estas cosas para que no pequen. Y si alguien peca, tenemos Abogado para con el Padre, a Jesucristo el Justo.
1 Juan 2:1 (NBLA)

En el sistema judicial estadounidense, cualquier persona acusada de un delito tiene derecho a representación legal. Si alguien no tiene dinero para pagar a un abogado, el tribunal le nombrará un defensor, que estará a su lado y defenderá su caso.

Nuestro abogado defensor es Jesús. Él aboga por nosotras ante el Padre, aplicándonos la suficiencia de Su muerte sacrificial. Él nos reconcilia con Dios y restaura nuestra comunión con Él.

El trabajo de un abogado es defender a su cliente, hacer todo lo posible para demostrar que el acusado no es culpable, o si se demuestra que es culpable, asegurarse de que su cliente no sea tratado injustamente.

Jesús nos defiende de una manera diferente. Sabe que somos culpables de violar la ley de Dios y no finge que somos inocentes. Siempre dice la verdad, y la verdad es que somos rebeldes. La razón por la que nos defiende es que ya se ha hecho justicia. Las personas que han sido justificadas en Cristo pueden presentarse ante Dios como si nunca hubieran pecado.

Hazlo personal

¿Cuál es la diferencia entre el trabajo de un abogado y la manera en que Jesús nos defiende?

Señor, hoy te doy gracias por...

Señor, hoy te pido...

Día 150

/ /
DÍA MES AÑO

El privilegio de dar vida

El hombre llamó Eva a su mujer porque ella sería la madre de todo ser viviente.

GÉNESIS 3:20 (NVI)

El nombre *Eva* tiene un enorme significado, tanto en el plan de Dios para la mujer como en la redención. Cuando Adán le puso nombre a su esposa, ambos acababan de tomar una decisión fatal. Al violar el mandamiento de Dios de no comer del único árbol prohibido, hicieron caer sobre sí mismos y sobre las generaciones futuras la justificada maldición de la muerte.

Sin embargo, fue en ese momento cuando Adán llamó a su mujer *Eva*, que en hebreo suena como «dadora de vida». La mujer cuyas acciones habían traído la muerte se convertiría ahora en aquella cuyo cuerpo produciría *vida* física. Este legado puede verse en los corazones y las capacidades físicas que Dios ha dado a generaciones de mujeres que han continuado dando vida.

El tremendo valor y responsabilidad que Dios ha depositado en nosotras como mujeres significa que todas compartimos Su propósito, tengamos hijos físicos o no. Todas participamos en el legado de Eva de dar vida. Cuando amamos a los niños como Él nos ha encomendado, el evangelio crece y produce el fruto de la vida eterna.

Hazlo personal

¿De qué maneras te ha usado Dios en el pasado para ser una «dadora de vida»? ¿Cómo podría estar llamándote a hacerlo hoy?

Señor, hoy te doy gracias por...

Señor, hoy te pido...

Día 151

/ /
DÍA MES AÑO

Años desperdiciados

«Deje de pecar y haga lo correcto... Quizá, entonces, pueda seguir prosperando».
DANIEL 4:27 (NTV)

Dios le dio a Nabucodonosor amplia oportunidad de reconocer Su soberanía. No obstante, al persistir en su delirio de autonomía y grandeza propia, Dios lo destituyó de su trono y lo llevó a tener que buscar el sustento diario sobre sus manos y rodillas como un animal salvaje.

Siete años después, el antes arrogante rey de Babilonia había llegado por fin a ver la vida a través de una lente completamente diferente. «Cuando se cumplió el tiempo», dijo, «levanté los ojos al cielo. Recuperé la razón» (Daniel 4:34, NTV). El rey había desperdiciado todos esos años oponiéndose a lo que el ángel y Daniel habían dicho acerca de que el Altísimo era el que gobernaba. Sin embargo, la verdad seguía siendo la misma.

¡Cuán maravilloso es para nosotras vivir nuestras vidas con valentía y con el consuelo de que Dios gobierna para siempre y sobre todo! Ahí es donde el futuro se encuentra con el presente; donde Su omnipotencia se encuentra con nuestra fragilidad; donde el consuelo se encuentra con la valentía; y donde nadie tiene que volverse loco en el proceso.

Hazlo personal

¿Qué puedes hacer hoy para reconocer la soberanía de Dios en tu vida?

Señor, hoy te doy gracias por…

Señor, hoy te pido…

Día 152

/ /
DÍA MES AÑO

Seguir hasta la cruz

Estaban junto a la cruz de Jesús su madre, y la hermana de su madre, María mujer de Cleofas, y María Magdalena.
Juan 19:25

Aunque la vida de la madre de Jesús no se desarrolló como ella pensaba, superó con creces sus expectativas. ¿Por qué? Porque María sabía que Jesús era su Salvador y eligió seguirlo, incluso cuando otros lo rechazaron o se apartaron. Fue una de las pocas que lo siguió hasta la cruz. Cuando otros huyeron para salvar sus vidas, ella permaneció leal, a pesar del peligro o riesgo personal.

Muchos de los llamados discípulos de hoy seguirán a Jesús siempre y cuando no les cueste demasiado, siempre y cuando su familia y amigos sean seguidores, o siempre y cuando estén satisfaciendo sus necesidades y seguirlo sea gratificante y estimulante. Están dispuestos a obedecer la Palabra cuando los caminos de Dios parecen funcionar. Pero pocos están dispuestos a seguirlo cuando el resultado aparente no es como esperaban, cuando tienen que vivir con aquellos que se resisten a Él, o cuando no hay un final a la vista para el sacrificio y el sufrimiento que deben soportar.

Hazlo personal

¿Seguirás a Cristo incluso cuando el resultado de tus circunstancias no sea como esperabas?

Señor, hoy te doy gracias por…

Señor, hoy te pido…

Día 153

/ /
DÍA MES AÑO

Hazme sierva

En efecto, habiendo sido liberados del pecado, ahora son ustedes esclavos de la justicia.
Romanos 6:18 (nvi)

El apóstol Pablo explica en Romanos 6 que todos somos siervos, ya sea siervos del pecado y la desobediencia o siervos de Cristo y Su justicia. Y no hay un llamamiento más alto, más santo (ni con más recompensas) que ser un siervo de Jesucristo.

Dios nos ha elegido como creyentes para ser Sus siervos, para unirnos a Él en el servicio a los demás. Al hacerlo, seguimos el ejemplo de Cristo, el humilde Siervo del Señor. En Marcos 10:45, Jesús dice de sí mismo: «Porque el Hijo del Hombre no vino para ser servido, sino para servir, y para dar su vida en rescate por muchos».

No importa lo insignificante que sea la tarea o lo poco gratificante que sea la responsabilidad, podemos aceptarla con gozo y considerarla un honor, porque estamos siguiendo el ejemplo de nuestro Señor Jesús de servir a todos.

Hazlo personal

¿Cómo afectaría a tus palabras, actitudes y prioridades el reconocer que eres una sierva de Cristo?

Señor, hoy te doy gracias por...

Señor, hoy te pido...

Día 154

/ /
DÍA MES AÑO

Nuestro Redentor

En [Él] tenemos redención y perdón de pecados.
COLOSENSES 1:14 (NVI)

Desde Génesis hasta Apocalipsis, la Biblia es un relato sobre redención. La redención tiene que ver con la salvación, con rescate, liberación y recuperación. Es una palabra que transmite esperanza en medio de circunstancias aparentemente desesperadas.

Cuando estás en medio de la oscuridad y parece que no hay luz al final del túnel, la redención promete un futuro mejor. Cuando no puedes salir del agujero de la culpa y la vergüenza, la redención promete que tu fracaso y las pérdidas causadas por tu pecado pueden ser anulados y que puedes volver a ser útil.

Por nuestra cuenta, estamos atrapadas y no podemos liberarnos de las garras del pecado. Necesitamos que alguien nos tienda la mano y nos ayude.

Eso es exactamente lo que Jesucristo hizo por nosotras en la cruz. Él es nuestro Redentor. Él nos libera de la pena y del poder del pecado.

Nuestro bendito Redentor ha pagado el precio y nos ha salvado de la destrucción.

Hazlo personal

¿De qué te ha redimido Cristo? ¿Qué significa para ti tener un Redentor hoy y para siempre?

Señor, hoy te doy gracias por...

Señor, hoy te pido...

Día 155

/ /
DÍA MES AÑO

El árbol generoso

Cada hombre dará lo que pueda.
DEUTERONOMIO 16:17 (NBLA)

E*l árbol generoso* de Shel Silverstein es un cuento maravilloso que ilustra las bendiciones de ser una persona generosa. El manzano de este cuento le da regalos a un niño: manzanas para comer cuando tiene hambre, sombra cuando tiene calor y está cansado, y ramas a las que encaramarse y jugar.

A medida que pasan los años, el árbol pierde todas sus ramas para satisfacer las necesidades del niño. Finalmente, solo queda un tronco, que el árbol ofrece como asiento al hombre adulto cuando regresa a la casa de su infancia. El hombre, que se ha pasado la vida tomando de los demás, está ahora desconsolado y vacío, mientras que el árbol, que siempre ha sido tan generoso, está satisfecho y feliz.

Lamentablemente, nuestro instinto natural es el de querer más y más en lugar de dar generosamente de lo que tenemos. Quizá ninguna sociedad de la historia haya sido más próspera materialmente que la nuestra. Sin embargo, los estudios revelan que nuestra generosidad está disminuyendo en lugar de aumentar. Nuestra prosperidad ha fomentado el egoísmo, la avaricia y la inseguridad. ¡Esta situación es totalmente opuesta al corazón de Dios y a la naturaleza misma del evangelio!

Hazlo personal

¿Qué vas a hacer esta semana para mostrar tu generosidad? Da ejemplos específicos.

Señor, hoy te doy gracias por...

Señor, hoy te pido...

Día 156

/ /
DÍA MES AÑO

Una historia superior

El Señor permitió que Joacim cayera en manos de Nabucodonosor. Junto con él, cayeron en sus manos algunos de los utensilios del Templo de Dios.

Daniel 1:2 (nvi)

La historia de Daniel tiene lugar en el contexto del cautiverio babilónico, cuando el pueblo judío sufrió 70 años de exilio en Babilonia bajo el puño de hierro de un déspota tiránico. La experiencia fue brutal, aparentemente interminable y sin sentido.

Así lo sintió el pueblo escogido de Dios. Y es así como a veces vemos nuestra historia y nuestro mundo. Vemos personas orgullosas y políticas sin sentido que menosprecian y no muestran respeto por las cosas que valoramos. Nos desgastan con sus ataques a la verdad y a quienes la profesan. Y no olvidemos a ese incansable enemigo de Dios y de Su pueblo: el mismo diablo, que se introduce en este mundo e intenta sembrar el caos en todas direcciones.

Todo es exasperante y agotador, por decir lo menos. Pero más allá de todo lo que vemos y experimentamos aquí en la tierra se desarrolla una historia muy diferente, muy superior. Y esa historia nos resultaría clara si pudiéramos ver los acontecimientos y las dificultades de la vida desde la perspectiva del cielo.

Hazlo personal

¿Hay situaciones en tu vida en este momento que necesitas ver desde la perspectiva del cielo?

Señor, hoy te doy gracias por...

Señor, hoy te pido...

Día 157

/ /

DÍA MES AÑO

Un privilegio doloroso

«En cuanto a ti, una espada te atravesará el alma».

Lucas 2:35 (nvi)

El privilegio de ser madre lleva consigo también la posibilidad de sufrir, porque cualquiera que acepte esta vocación se arriesga a que se le rompa el corazón.

María lo experimentó más profundamente que cualquier otra madre que haya existido. Sí, tuvo la bendición única de ser la madre del Hijo de Dios. Y sí, esta vocación le traería gozo sin igual. Pero ese privilegio iba acompañado de un dolor insoportable. No el dolor causado por el pecado de su Hijo, sino el doloroso precio que su Hijo pagaría por el pecado del mundo.

Tú no eres María, por supuesto. Pero ninguna madre escapa por completo al dolor. A veces, tus hijos te decepcionarán, como tú también te decepcionarás a ti misma como madre. Incluso en los mejores días, el trabajo de una madre puede estar cargado de preocupación, miedo y culpa, lo que significa que las madres deben reconocer su total dependencia de la gracia de Dios.

Cuando las dificultades de la maternidad asoman sus feas cabezas, las mamás pueden experimentar de nuevo la verdad del evangelio que las invita a volverse a Cristo, recibir Su misericordia y perdón, y caminar con esperanza renovada.

Hazlo personal

¿Qué significa para una madre depender completamente de Dios?

Señor, hoy te doy gracias por...

Señor, hoy te pido...

Día 158

/ /

DÍA MES AÑO

A cara descubierta

Por tanto, nosotros todos, mirando a cara descubierta... somos transformados de gloria en gloria en la misma imagen.
2 Corintios 3:18

Éxodo 34:29 nos dice que cuando Moisés descendió del monte Sinaí después de recibir la ley de Dios, «no se daba cuenta de que su rostro resplandecía porque había hablado con el Señor» (NTV).

Pablo se refirió a este relato y explicó su significado para nuestras vidas en 2 Corintios. Comparó la gloria del antiguo pacto, que se desvanecía y anunciaba condenación y muerte, con la gloria muy superior del nuevo pacto, que da vida y permanece. Luego explicó que, así como Moisés contempló la gloria de Dios a cara descubierta y fue transformado, así también los creyentes seremos transformados al contemplar la gloria de Dios «a cara descubierta».

Para mí, este es uno de los versículos más maravillosos de toda la Palabra de Dios. Al entrar en la presencia de Dios, sin pretensiones, sino con tu vida abierta y expuesta ante el Él y al contemplarlo fijamente, serás gradualmente transformada a Su semejanza.

Hazlo personal

Reescribe el texto de 2 Corintios 3:18 con tus propias palabras y ora para que tu vida esté abierta y expuesta ante el Señor, y que Él pueda transformarte completamente.

Señor, hoy te doy gracias por...

Señor, hoy te pido...

Día 159

/ /
DÍA MES AÑO

Ser transparentes

El sacrificio que te agrada es un espíritu quebrantado; tú, oh Dios, no desprecias al corazón quebrantado y arrepentido.
SALMO 51:17 (NVI)

Si queremos vivir un estilo de vida de humildad y quebrantamiento, debemos aprender a vivir de manera transparente. Una forma práctica de hacerlo es adquirir el hábito de reconocer y verbalizar nuestra necesidad espiritual a Dios y a los demás.

Ser transparentes y sinceras en nuestra relación con Dios significa tener una actitud de corazón que diga: «No es mi padre, ni mi hermano, ni mi esposo, ni mis hijos, ni mis compañeros, ni mi jefe, ni el pastor; ¡soy *yo*, oh Señor, la que necesita oración!». Ser transparente y sincera significa que ya no culpo a los demás, sino que asumo la responsabilidad personal de mi pecado. No hay quebrantamiento cuando el dedo de la culpa sigue apuntando a otro; quebrantamiento significa no excusarse, no defenderse, no racionalizar mi pecado.

Cuando reconozco mi necesidad ante Dios, digo:

Nada traigo para ti,
mas tu cruz es mi sostén.[1]

[1] Augustus M. Toplady, «Roca de la Eternidad», 1776.

Hazlo personal

¿Necesitas ser más transparente y sincera en tu relación con Dios y con los demás? Da ejemplos específicos.

Señor, hoy te doy gracias por...

Señor, hoy te pido...

Día 160

/ /

DÍA MES AÑO

Un terreno resbaladizo

Guarda mi alma, y líbrame; no sea yo avergonzado, porque en ti confié.

Salmo 25:20

En general, las personas no caen en malos hábitos de la noche a la mañana. No se levantan un día y descubren que tienen una adicción a la comida o un temperamento que no pueden controlar. Hay un proceso que lleva a esa condición, y siempre comienza cuando escuchamos una mentira.

Así empezó todo en el huerto de Edén. Eva escuchó las mentiras de Satanás. Estoy segura de que ella no tenía ni idea de lo que esas mentiras harían a ella y a su familia. Tal vez no parecía especialmente peligroso escuchar a la serpiente, ver lo que tenía que decir. El simple hecho de escuchar no significaba desobediencia. Sin embargo, lo cierto es que escuchar un punto de vista contrario a la Palabra de Dios puso a Eva en un terreno resbaladizo que la llevó a la desobediencia, que, a su vez, la condujo a la muerte física y espiritual.

Prestar oído a mentiras constituye el primer paso hacia la esclavitud y la muerte. Por eso considero tan esencial tener cuidado con las cosas que permitimos entrar en nuestra mente y corazón.

Hazlo personal

¿Hay algo que estés escuchando que no sea verdad? ¿Cómo puedes apagar esa voz y escuchar solo la verdad de Dios?

Señor, hoy te doy gracias por...

Señor, hoy te pido...

Día 161

/ /
DÍA MES AÑO

Nuestro amigo, Jesús

[Jesús] fue entregado por nuestras transgresiones, y resucitado para nuestra justificación.
ROMANOS 4:25

¿Alguna vez te has sentido sola, incluso entre la multitud? Yo sí. Pero tenemos un amigo constante en Jesús. Tal vez te sientas como alguno de los pecadores con los que Jesús pasó tiempo durante Su vida en la tierra, y te preocupa que si otros realmente te conocieran, te rechazarían. Bueno, si tú eres una pecadora (¿y quién de nosotras no lo es?), tienes un amigo en Jesús.

Al mismo tiempo, debemos recordar que Jesús no es amigo del pecado. Él nunca toleró el pecado, sino que vino a liberar a los pecadores de su pecado. El pecado tiene un precio, y Jesús lo pagó con Su vida. Él es amigo de todos los que reconocen que han pecado y aceptan Su amistad.

Como pecadoras que hemos recibido la amistad de Jesús, debemos, en respuesta, ofrecer nuestra amistad a otros pecadores arrepentidos y presentar el evangelio, incluso a aquellos con los que no nos sentimos a gusto. Seamos fieles en ganar más y más personas para Jesús.

Hazlo personal

¿Qué tipo de personas te incomodan más? ¿Estás dispuesta a mostrarles el amor redentor de Jesús y tu amistad genuina?

Señor, hoy te doy gracias por...

Señor, hoy te pido...

Día 162

/ /
DÍA MES AÑO

Lo que está en juego

Que la palabra de Dios no sea blasfemada.

Tito 2:5

A lo largo de su breve carta a Tito, el apóstol Pablo da instrucciones a los creyentes en varias etapas y situaciones de la vida. Nos muestra cómo es cuando todos los creyentes viven «de acuerdo con la sana doctrina» (2:1).

Pero Pablo no transmitió estos conceptos como si fueran buenas ideas, ni pretendía que fueran únicamente para nuestro crecimiento espiritual y personal o para el beneficio de otros creyentes. En Tito 2, Pablo presenta el propósito que nos debe motivar a tomar muy en serio este mensaje: «que la palabra de Dios no sea blasfemada» (v. 5).

La exhortación de Pablo es sencilla y aleccionadora. Cuando nos llamamos cristianas y afirmamos creer en la Palabra de Dios pero no vivimos de acuerdo con ella, las Escrituras serán deshonradas a los ojos de aquellos que nos observan. Cualquier incoherencia entre lo que dice Su Palabra y la forma en que vivimos les dará motivos para hablar mal de Dios y de Sus caminos.

En cambio, el ejemplo de nuestras vidas debe ganarse el respeto de los espectadores y hacer que la Palabra de Dios sea más atractiva y convincente.

Hazlo personal

Al observar el comportamiento de otros verdaderos seguidores de Cristo, reflexiona en cómo su ejemplo ha hecho que el evangelio sea más atractivo para ti.

Señor, hoy te doy gracias por...

Señor, hoy te pido...

Día 163

/ /
DÍA MES AÑO

Dios obra

[Fuimos] predestinados conforme al propósito del que hace todas las cosas según el designio de su voluntad.

Efesios 1:11

No basta con decir que las cosas suceden por una razón; lo cierto es que las cosas suceden por las razones de Dios. Dios mismo obra activamente en nuestro mundo y en nuestras vidas para llevar a cabo Sus propios objetivos.

¿Comprenderemos siempre lo que Dios hace? Por supuesto que no. Pero de esto sí podemos estar seguras. La soberanía de Dios y Su providencia pueden protegernos a nosotras y a nuestros —a menudo— atemorizados y temblorosos corazones.

Incluso en esos momentos difíciles y aterradores de la vida, más cosas están sucediendo de lo que se puede ver desde una perspectiva terrenal. Hay otra forma de verlo: desde una perspectiva celestial.

Aunque los acontecimientos de la tierra a menudo parecen azarosos, sin sentido, sin esperanza e incluso crueles, lo que ocurre en el reino celestial está impregnado de tanta sabiduría y bondad, con un plan y un propósito superior, que si supiéramos lo que Dios está haciendo, lo adoraríamos y alabaríamos.

Hazlo personal

¿De qué maneras podemos recordarnos unas a otras que Dios tiene el control y está obrando incluso cuando no podemos ver cómo?

Señor, hoy te doy gracias por...

Señor, hoy te pido...

Día 164

/ /
DÍA MES AÑO

Pureza restaurada

Entonces María dijo al ángel: «¿Cómo será esto, puesto que soy virgen?».
LUCAS 1:34 (NBLA)

Cuando Dios tenía todo preparado para enviar a Su Hijo al mundo para llevar a cabo Su plan eterno de redención, colocó la semilla de Su Hijo en el vientre de un recipiente puro. Eligió a una mujer que se había guardado para el uso del Maestro.

En un mundo que hace alarde de perversión y se burla de la pureza, las mujeres piadosas deben estar dispuestas a caminar en pureza y enseñar a sus hijas el valor de ser virtuosas.

Tal vez estés cosechando las bendiciones de un compromiso de por vida con la pureza personal. O tal vez tengas un profundo sentimiento de arrepentimiento por haber tomado decisiones equivocadas. Quizás pienses que Dios nunca podrá utilizarte porque no te has mantenido pura.

La maravilla de la gracia de Dios es que Él restaurará la pureza a aquellos que vienen a Él con verdadero arrepentimiento. Él no puede restaurar la virginidad que tú sacrificaste, pero por Su gracia Él puede restaurar la verdadera virtud.

Hazlo personal

¿De qué maneras puedes caminar en pureza hoy? ¿Cómo puedes ser un ejemplo de pureza para los que te rodean?

Señor, hoy te doy gracias por...

Señor, hoy te pido...

Día 165

/ /
DÍA MES AÑO

Dolores de crecimiento

Porque Cristo murió por los pecados una vez por todas, el justo por los injustos, a fin de llevarlos a ustedes a Dios.
1 Pedro 3:18 (nvi)

A medida que comprendas mejor cómo desea Dios que vivas, tendrás momentos en los que te sentirás imperfecta. Pero el objetivo de exponer nuestra incapacidad no es agobiarnos con nuestro fracaso. Es para llevarnos a Cristo, cuya misericordia y gracia son nuestra única esperanza, y para que nos demos cuenta de nuestra total dependencia de Él.

Si eres una creyente en Cristo, Él ya derramó Su justicia sobre ti. No podrías ser más aceptable, aunque lo intentaras, porque Su amor se basa en *Su* actuación, no en la tuya. Y es Su amor y fidelidad lo que te permite caminar de una manera que lo honra.

La convicción que sientes, por lo tanto, no tiene la intención de inducirte a esforzarte más, como si pudieras ganarte el favor de Dios, sino que tiene como propósito llevarte al verdadero arrepentimiento y que regreses a la verdadera Fuente de todo este amor, bondad y prudencia, el Único que puede convertirte en lo que Él quiere que seas.

Hazlo personal

¿Sientes convicción en algún área de tu vida? Pídele a Dios que te convierta en lo que Él quiere que seas.

Señor, hoy te doy gracias por...

Señor, hoy te pido...

Día 166

/ /
DÍA MES AÑO

El corazón del avivamiento

¿No volverás a darnos vida, para que
tu pueblo se regocije en ti?
SALMO 85:6

Según cuál sea tu trasfondo, la palabra *avivamiento* puede sonar anticuada. *Avivamiento* es una etiqueta que se ha aplicado a varios acontecimientos, entre ellos una serie de reuniones religiosas, campañas evangelísticas, épocas de mayor fervor religioso y reformas morales y sociales.

Aunque todos estos elementos pueden estar presentes, no llegan al corazón del verdadero avivamiento. El avivamiento no es un evento que podamos poner en el calendario. Tampoco es sinónimo de *evangelización*, aunque cuando llegue el avivamiento, los no creyentes nacerán en la familia de Dios. Además, aunque nuestras emociones estarán involucradas, el avivamiento no debe confundirse con meras emociones. Entonces, ¿qué es realmente el avivamiento?

El avivamiento es lo que ocurre cuando el pueblo de Dios, ya sea individual o corporativamente, es restaurado hasta tener una relación íntima con Él. El avivamiento es una obra sobrenatural de Dios, no es algo que podamos fabricar o forzar.

Hazlo personal

¿Qué te viene a la mente cuando escuchas la palabra «avivamiento»? Pide a Dios que traiga avivamiento a tu corazón y tu vida.

Señor, hoy te doy gracias por...

Señor, hoy te pido...

Día 167

/ /

DÍA MES AÑO

Liberar a los cautivos

«Yo soy el Señor, y voy a quitarles de encima la opresión de los egipcios. Voy a librarlos de su esclavitud».

Éxodo 6:6 (NVI)

Así como el Señor liberó a Su pueblo de la esclavitud en Egipto, Jesús libera a los cautivos del pecado. Él nos ha rescatado de la esclavitud de Satanás, y sigue rescatándonos de nosotras mismas, del poder del pecado y de los enredos de este mundo.

Así como el Señor guio a Su pueblo a la tierra prometida en el Antiguo Testamento, Jesús vino para guiar a muchos hijos e hijas a la gloria. Él nos guía hoy por Su Espíritu, que vive en nosotras. Así como Dios prometió estar con Moisés, Jesús ha prometido estar con nosotras hoy. Y Él te capacitará para hacer lo que Él te llame a hacer.

Jesús se ofrece para suplir lo que necesitemos o nos falte. ¿Tienes sed? Él es el agua viva. ¿Tienes un corazón hambriento? Él es el pan de vida. ¿Sientes el peso del pecado? Él es la resurrección y la vida. ¿Te sientes perdida? Él es el camino. En efecto, Jesús está diciendo: «Yo soy todo lo que necesitas. Yo soy el gran Yo soy».

Hazlo personal

¿Qué necesidades tienes hoy que Jesús puede satisfacer?

Señor, hoy te doy gracias por...

Señor, hoy te pido...

Día 168

/ /

DÍA MES AÑO

Orar antes de actuar

No sabemos qué hacer, pero en ti buscamos ayuda.
2 Crónicas 20:12 (ntv)

En 2 Crónicas 20 leemos la historia de un inmenso ejército de moabitas y amonitas que se unieron para hacer la guerra contra Judá. Leemos que el rey Josafat se alarmó y «decidió consultar al Señor» (v. 3, nvi).

Antes de convocar una reunión del Consejo de Defensa Nacional, convocó una asamblea solemne para que el pueblo ayunara y buscara al Señor. En su oración, Josafat expuso los hechos ante el Señor y terminó afirmando su confianza en Él (v. 12). En respuesta, Dios derrotó al enemigo de forma espectacular y decisiva, utilizando uno de los planes de batalla más inusuales de la historia.

Años después, el rey Ezequías usó la misma estrategia que Josafat. Cuando recibió un mensaje intimidatorio de un enemigo, «Ezequías tomó la carta de mano de los mensajeros y la leyó. Luego subió al Templo del Señor, la desplegó delante del Señor, y en su presencia oró» (2 Reyes 19:14-15, nvi).

¿Cuál es la crisis, la dificultad o la decisión que estás enfrentando? Preséntala delante del Señor y ora.

Hazlo personal

Presenta hoy tus decisiones delante del Señor, dale gracias por Su sabiduría y expresa tu deseo de confiar en Su dirección.

Señor, hoy te doy gracias por...

Señor, hoy te pido...

Día 169

/ /
DÍA MES AÑO

Dedicar tiempo a los demás

Mejor son dos que uno, porque obtienen más fruto de su esfuerzo. Si caen, el uno levanta al otro.

Eclesiastés 4:9-10 (NVI)

En medio del complicado laberinto de obligaciones, decepciones, anhelos e incertidumbres de la vida, Dios tranquiliza y estabiliza nuestros corazones.

Nos permite establecer relaciones personales, centradas en Cristo, con las que podemos experimentar y expresar más de Su amor. Dios nos hace sentir como en casa en el hogar de otros, y otros se sienten en casa en nuestro hogar. Derrumba las diferencias entre generaciones y nos protege de nuestras tendencias a la inseguridad y el aislamiento.

Nos regala la amistad, la esperanza y la alegría, y nos ayuda a crecer.

Sí, a veces nos sentiremos abrumadas. Dedicar tiempo a los demás o recibir el consejo y el cuidado de otros implica costes y sacrificios. Pero nada puede compararse con el fortalecimiento, la conexión y la alegría que recibimos de estas relaciones, sin mencionar el gozo mayor de glorificar a Dios con vidas fructíferas.

Hazlo personal

Reflexiona sobre las personas que fortalecen tu fe y traen alegría a tu vida. ¿Cómo puedes orar por cada una de ellas?

Señor, hoy te doy gracias por...

Señor, hoy te pido...

Día 170

/ /

DÍA MES AÑO

Un corazón puro

Pues el Señor es justo; Él ama la justicia;
los rectos contemplarán Su rostro.
Salmo 11:7 (NBLA)

Desde que recibí a Cristo como mi Salvador, cuando era niña, he anhelado experimentar una relación más íntima con Dios. El salmista expresó el mismo deseo cuando preguntó: «¿Quién subirá al monte del Señor? ¿Y quién podrá estar en Su lugar santo?» (Salmo 24:3, NBLA). Su respuesta «El de manos limpias y corazón puro» (v. 4, NBLA) nos recuerda que solo los que tienen un corazón santo y una vida santa pueden acercarse a Dios.

«Bienaventurados los de limpio corazón», dijo Jesús, «porque ellos verán a Dios» (Mateo 5:8). Las personas que no son santas no pueden tener comunión con un Dios santo. No puedes aferrarte a tu impaciencia, glotonería, pereza y mal humor y tener, al mismo tiempo, comunión con Dios.

Un adolescente que deliberadamente desobedece las instrucciones de sus padres va a tener dificultades para mirarlos a los ojos cuando llegue tarde a casa. Una esposa que miente a su marido no va a poder disfrutar de la intimidad marital cuando se apaguen las luces por la noche.

De igual manera, nuestros pecados destruyen nuestra comunión con Dios.

Hazlo personal

¿Hay algún pecado en tu vida que está poniendo una barrera en tu relación con Dios? Pídele a Dios que te lo muestre.

Señor, hoy te doy gracias por...

Señor, hoy te pido...

Día 171

/ /
DÍA MES AÑO

En busca de ayuda

¿Hasta cuándo debo pedir ayuda, oh Señor?
Habacuc 1:2 (ntv)

Uno de los aspectos más difíciles de la crianza de los niños pequeños es su necesidad constante de pedir ayuda a sus padres. Cuando un niño tiene una pregunta o tiene miedo, lo primero que hace es gritar «¡Mamá!». Como adultas, no gritamos a nuestras madres, pero seguimos teniendo el impulso de pedir ayuda a alguien cuando nos sentimos indefensas.

En el libro de Habacuc, las primeras palabras del profeta son significativas. Podría haber considerado las estructuras sociales de su época y haber intentado averiguar quién tenía más probabilidades de ayudarlo. Pero como un niño confiado que llama a sus padres, Habacuc conocía la fuente de todo amor, poder y protección. Clamó: «¡Señor!».

¿Cuántas veces clamamos a los expertos, buscando ayuda, cuando sería mucho mejor que gritáramos: «¡Señor!»? En última instancia, la paz, la sabiduría y las respuestas que necesitamos no las encontraremos acudiendo a un consejero o a un terapeuta, o desahogándonos con una amiga de confianza. Lo que necesitamos solo se encuentra acudiendo al Consejero Maravilloso (ver Isaías 9:6, ntv).

Hazlo personal

Cuando llega una crisis, ¿a dónde acudes primero en busca de ayuda? ¿De qué maneras te ayuda el Señor más que nadie?

Señor, hoy te doy gracias por...

Señor, hoy te pido...

Día 172

/ /
DÍA MES AÑO

La bondad en el matrimonio

Ella le es fuente de bien, no de mal,
todos los días de su vida.
PROVERBIOS 31:12 (NVI)

En el poco tiempo que llevo como esposa, he experimentado momentos en los que la falta de amabilidad por mi parte hacia mi marido ha creado distancias y afectado nuestra intimidad. Palabras poco amables dichas sin pensar, palabras amables no dichas, acciones desconsideradas.

Pero también he experimentado la increíble importancia y el poder de la bondad en el matrimonio. Y el corazón tierno de mi esposo Robert y su amabilidad constante me han inspirado a estar más atenta a cómo puedo ser una mejor compañera para él.

A menudo son las pequeñas cosas las que expresan mi amor por mi marido y marcan el tono de nuestra relación: dejarle notas adhesivas alentadoras en su Biblia, honrar sus preferencias por encima de las mías, o decidir pasar por alto algún desaire aparente (o real) en lugar de echárselo en cara.

Las palabras y acciones amables suavizan nuestra relación y ablandan y atraen nuestros corazones el uno hacia el otro.

Hazlo personal

¿Qué puedes hacer hoy para mostrar bondad en las pequeñas cosas a tu cónyuge o a alguien cercano a ti?

Señor, hoy te doy gracias por...

Señor, hoy te pido...

Día 173

/ /
DÍA MES AÑO

Una nueva naturaleza

Con Cristo estoy juntamente crucificado,
y ya no vivo yo, mas vive Cristo en mí.
GÁLATAS 2:20

No creo haber conocido a nadie que haya «nacido sumiso». Yo, de seguro que no. Vine a este mundo con una voluntad firme que quería controlar todo lo que me rodeaba. Seguramente tú también. La idea de someternos a otro es contraria a nuestra naturaleza innata.

Cuando nos convertimos en hijas de Dios, recibimos una nueva naturaleza que reconoce la autoridad de Dios sobre nuestra vida y quiere someterse a Su voluntad. Sin embargo, aunque nuestro espíritu quiere obedecer a Dios, nuestra tendencia natural es querer hacer nuestra propia voluntad.

Como resultado, a veces nos resentimos, nos resistimos o huimos de las circunstancias que Dios ha traído a nuestras vidas. Cuando surge una dificultad, tendemos a ver a la persona o circunstancia como nuestro problema y a resistir la presión que ejerce sobre nosotras. Al hacerlo, terminamos empujando en contra de Dios y resistiendo Su voluntad. Solo por medio de nuestra nueva naturaleza y con la ayuda de Dios somos capaces de decir: «Hágase tu voluntad».

Hazlo personal

¿En qué áreas de tu vida te estás resistiendo a ceder tu voluntad a la voluntad de Dios? ¿Qué vas a hacer para cambiar esto?

Señor, hoy te doy gracias por...

Señor, hoy te pido...

Día 174

/ /
DÍA MES AÑO

Lo que no podemos ver

¿No eres tú el Dios del cielo y el que gobierna a todas las naciones? ¡Es tal tu fuerza y tu poder que no hay quien pueda resistirte!
2 Crónicas 20:6 (nvi)

Piensa en todo lo que ha pasado desde 2020: COVID, varias elecciones presidenciales polémicas, conflictos raciales y la guerra en Ucrania y en otros países, para nombrar unos pocos.

Esa incesante avalancha de desastres ha tenido un costo emocional para el que la mayoría no estaba preparada y nos ha dejado con preguntas que no sabemos responder. ¿Cómo vamos a soportar más noticias perturbadoras? ¿Y cómo afrontar la pandemia de depresión, soledad y miedo que se ha apoderado de tantas personas?

Aquí es donde es importante afirmar por fe lo que no siempre podemos ver: que Dios gobierna sobre todas las cosas, incluso sobre aquellas que amenazan la paz y el bienestar del mundo. Dios es soberano sobre los líderes, las naciones, el clima y todos los asuntos de nuestro mundo, ¡sobre todas las cosas y en todas partes!

Hazlo personal

¿Cómo influye en tu manera de enfrentar las dificultades y los desastres de la vida saber que Dios es soberano y tiene el control de todo?

Señor, hoy te doy gracias por…

Señor, hoy te pido…

Día 175

/ /
DÍA MES AÑO

El ciclo de la verdadera adoración

Y amarás al Señor tu Dios con todo tu corazón, y con toda tu alma, y con toda tu mente y con todas tus fuerzas.
MARCOS 12:30

Hoy se habla mucho de libertad, amor y adoración, y en muchas iglesias la adoración y tiempo de alabanza se han convertido en toda una experiencia. Sin embargo, libertad, amor y adoración verdaderos no se pueden fabricar. Parte del problema es que estamos pasando por alto el proceso que Dios ha establecido para alcanzar todas estas cosas.

La verdadera adoración comienza con *quebrantamiento* y *humildad* frente a lo que Dios nos revela en Su Palabra. Luego, debemos humillarnos y lamentar nuestro pecado lo que nos lleva al *arrepentimiento* genuino, que a su vez nos lleva al *perdón*. El perdón producirá *libertad* de la culpa y de las ataduras. Cuando gocemos la libertad que ha nacido del quebrantamiento, del arrepentimiento y del perdón, tendremos una mayor capacidad para el *amor* y la *adoración*. Y, por supuesto, el amor y la adoración verdaderos nos llevarán de regreso a un nuevo nivel de quebrantamiento, que nos conduce a un arrepentimiento mayor y más profundo, a un mayor perdón, a una libertad renovada, y a una capacidad aún mayor para el amor y la adoración.

Hazlo personal

Explica cuál es el ciclo de la verdadera adoración y pídele al Señor que te ayude a iniciarlo.

Señor, hoy te doy gracias por...

Señor, hoy te pido...

Día 176

/ /
DÍA MES AÑO

El León y el Cordero

Miré, y vi entre el trono... y los ancianos, a un Cordero, de pie, como inmolado.

APOCALIPSIS 5:6 (NBLA)

En Apocalipsis 5, Juan tuvo una visión donde Jesús fue llamado León, pero Juan también lo vio como un Cordero inmolado. Entonces, ¿cuál es Jesús? Leones y corderos son radicalmente diferentes.

La verdad es que Jesús es *ambos*. Él tiene el dominio supremo sobre el cielo y la tierra, sin embargo, se sometió a la cruz.

El triunfo del León se logró con Su muerte como Cordero, con Su sufrimiento en la cruz. Y como León de la tribu de Judá, Jesús es a la vez el protector de Su pueblo y el acusador de Sus enemigos. Si tú le perteneces, Él estará como un León para defenderte y protegerte.

Si hemos puesto nuestra fe en Jesús, compartimos Su victoria. Él triunfó entregando Su vida, y nosotras también triunfaremos cuando tomemos nuestro lugar con Él. Logramos la victoria con Jesús estando dispuestas a tomar nuestra cruz y seguir al Cordero inmolado.

Hazlo personal

¿Cómo ha sido Jesús como un León en tu vida?

Señor, hoy te doy gracias por...

Señor, hoy te pido...

Día 177

/ /
DÍA MES AÑO

Cuestión de tiempo

Busquen el reino de Dios por encima de todo lo demás.
Mateo 6:33 (ntv)

Dios es Rey sobre toda la tierra, pero la mayoría de la gente no reconoce Su reinado. Actualmente, este mundo está bajo el dominio de Satanás, pero eso es temporal.

Un día, todos los reinos de este mundo serán sometidos completamente a Cristo. Cuando oramos: «Venga tu reino» (Mateo 6:10), anhelamos el día en que se doble toda rodilla y toda lengua confiese que Jesucristo es el Señor.

Pero ¿qué significa esta oración para nosotras aquí y ahora?

En primer lugar, debemos preguntarnos de quién es el reino que estamos edificando y buscando. En segundo lugar, la historia muestra que gobernantes, filósofos y personas de todos los ámbitos de la vida han tratado de edificar sus propios reinos y destruir el reino de Dios, pero eso nunca sucederá porque Su reino perdurará para siempre.

Cuando parece que los reinos de este mundo están prevaleciendo contra Dios, necesitamos darnos cuenta de que no estamos viendo el cuadro final. Los gobernantes del mundo no vivirán para siempre. Esa persona que te hace la vida difícil no reinará para siempre. Tampoco nosotras. En última instancia, Dios es el único que prevalece.

Hazlo personal

¿Qué situaciones difíciles enfrentas hoy con la confianza de que no durarán para siempre?

Señor, hoy te doy gracias por...

Señor, hoy te pido...

Día 178

/ /
DÍA MES AÑO

Descansa en Su providencia

[Job era] un hombre íntegro e intachable que temía a Dios y vivía apartado del mal.
Job 1:1 (NVI)

El libro de Job es una historia asombrosa de la soberanía de Dios sobre los sucesos de nuestra vida. Comienza con una resonante aprobación del carácter de Job. Pero este hombre que amaba a Dios y odiaba el pecado no estaba aislado del sufrimiento.

Al principio, Job se aferró a su confianza de que Dios es digno de ser alabado, incluso cuando había perdido todo lo que Dios le había dado. Sin embargo, esa confianza vaciló en ocasiones, cuando las dificultades aumentaron.

Finalmente, Dios le recordó a Job Su grandeza, poder y cuidado del universo. Job respondió maravillado: «Reconozco que he hablado de cosas que no alcanzo a comprender, de cosas demasiado maravillosas que me son desconocidas» (Job 42:3, NVI). En otras palabras: «Dios, Tú eres bueno. Tú eres fiel. Confío en Ti para que escribas mi historia».

Lo más probable es que tu historia no sea tan dramática como la de Job, pero tus problemas y tu dolor no son menos reales. Puede que hoy no seas capaz de ver el plan de Dios, pero por Su gracia, puedes descansar en Su providencia, confiada de que Él es bueno y es fiel. Y puedes confiar en Él para escribir la historia de tu vida.

Hazlo personal

¿De qué maneras has visto la mano providencial de Dios en tu propia vida?

Señor, hoy te doy gracias por…

Señor, hoy te pido…

Día 179

/ /
DÍA MES AÑO

No es poca cosa

Cuídense de que nadie deje de alcanzar la gracia de Dios; de que ninguna raíz de amargura, brotando, cause dificultades y por ella muchos sean contaminados.

Hebreos 12:15 (nbla)

Cuando alguien te ha herido, puede parecer poca cosa que una «raíz de amargura» haga nido en tu corazón. De hecho, dadas las circunstancias, puede parecer perfectamente comprensible y justificable. Pero si la ignoras y no la tratas a tiempo, su veneno te afectará e infectará a ti misma y a otros más allá de lo que jamás imaginaste.

Cuando otros te difaman o hieren injustamente, puedes sentir que la amargura es tu derecho. Sin embargo, se trata de una posición condenada al fracaso. No solo es pecado, sino que no tiene ningún sentido.

Esa raíz de amargura invadirá cada rincón de tu vida si se lo permites. Pero Dios te invita a extender la mano y recibir Su gracia. Al hacerlo, tu corazón será libre de la cárcel de la falta de perdón; serás libre para amarlo y servirle a Él y a otros. Esa raíz de amargura ya no te afligirá ni «contaminará» a los demás.

Y, como resultado, la gracia de Dios fluirá a otros a través de ti, para bendecir todo lo que toques.

Hazlo personal

¿Qué áreas de tu vida necesitas entregar a Dios para que no brote una raíz de amargura en tu corazón o para eliminar esa raíz si ya existe?

Señor, hoy te doy gracias por...

Señor, hoy te pido...

Día 180

/ /

DÍA MES AÑO

Perderlo todo

Los que aman su vida en este mundo la perderán. Los que no le dan importancia a su vida en este mundo la conservarán por toda la eternidad.

Juan 12:25 (NTV)

¿Qué estaba diciendo Jesús a sus discípulos? La única manera de conservar tu vida es entregarla. La única forma de ganarla es perderla. Creemos que perdemos mucho al morir. Pero, en realidad, quienes rehúsan morir lo pierden todo. Cuando elegimos el camino del quebrantamiento y la humildad, estamos eligiendo recibir vida nueva: la vida abundante y sobrenatural de Dios que fluye en y a través de nosotras.

Por supuesto, el ejemplo supremo de esa clase de quebrantamiento es el Señor Jesús. Fue Él quien dijo: «Esto es mi cuerpo, el cual es entregado [partido] por ustedes» (1 Corintios 11:24, NTV).

El profeta Isaías habló de Jesús cuando dijo: «Él fue traspasado por nuestras rebeliones y molido por nuestras iniquidades... Pero el Señor quiso quebrantarlo» (Isaías 53:5, 10, NVI). Jesús estaba dispuesto a ser quebrantado, a morir, para que mediante Su muerte recibiéramos la vida eterna.

Hazlo personal

¿Te aferras a tu vida o se la entregas a Cristo?

Señor, hoy te doy gracias por...

Señor, hoy te pido...

Día 181

/ /

DÍA MES AÑO

Mostrar el corazón de Dios

Recuerden que el Señor los perdonó a ustedes,
así que ustedes deben perdonar a otros.
COLOSENSES 3:13 (NTV)

El perdón es más que una manera de encontrar la libertad personal, más que una forma de aliviar el dolor que sentimos en el corazón. Es incluso más que una forma de mantener la esperanza de reconciliarnos con quienes nos han hecho daño.

Todos esos beneficios son secundarios frente a un resultado mucho mayor. La meta final del perdón es glorificar y honrar a Dios.

El perdón en la vida de un creyente deja ver el asombroso corazón redentor de Dios. Pone, a la vista de todos, las riquezas de Su abundante misericordia y asombrosa gracia. Cada oportunidad que se te presenta para practicar el perdón es una oportunidad para llamar la atención hacia el Dios que tanto se deleita en mostrar misericordia y perdonar a los pecadores, que hasta dio a Su único Hijo para hacerlo posible. Cuando los que te rodean te ven perdonar, pueden ver a Cristo de una manera que tal vez nunca antes han visto. Y puede que se sientan atraídos a amar, adorar y confiar en Dios.

Hazlo personal

¿Cómo has visto la misericordia y la gracia de Dios manifestadas cuando has perdonado a otros?

Señor, hoy te doy gracias por...

Señor, hoy te pido...

Día 182

/ /

DÍA MES AÑO

Comenzó con una mentira

[La serpiente] le preguntó a la mujer: «¿De veras Dios les dijo que no deben comer del fruto de ninguno de los árboles del huerto?».

Génesis 3:1 (NTV)

Camina conmigo hasta el lugar donde comenzaron todos nuestros problemas: el huerto de Edén, el primer hogar de Adán y Eva, un entorno perfecto e ideal. Lo que sucedió allí pesa de manera inevitable sobre la vida de cada una de nosotras.

Una mentira fue el punto de partida de todos los problemas de la historia del universo. Eva escuchó esa mentira, la creyó y actuó conforme a ella. Cada problema, cada guerra, cada herida, cada relación rota, cada aflicción se remonta a *una sola y simple mentira*.

Como suele ocurrir con las mentiras, esa primera mentira creció y generó más mentiras. Eva creyó la mentira y, como hijas de Eva, hemos seguido sus pasos, al escuchar, creer y actuar conforme a una mentira tras otra. Hemos creído algunas mentiras durante tanto tiempo que puede ser difícil reconocerlas como mentiras. Las «mejores» mentiras son las que más se parecen a la verdad. Las mentiras más «novedosas» son las más antiguas.

Hazlo personal

¿Cómo puedes entrenar tu mente para distinguir entre mentiras y verdades?

Señor, hoy te doy gracias por...

Señor, hoy te pido...

Día 183

/ /

DÍA MES AÑO

El amor y el dominio propio

Pero el fruto del Espíritu es amor, gozo, paz, paciencia, benignidad, bondad, fidelidad, mansedumbre, dominio propio; contra tales cosas no hay ley.

Gálatas 5:22-23 (nbla)

¿Te has fijado en la primera y en la última cualidad de esta famosa lista de Pablo? El amor y el dominio propio. Entre estas dos se encuentran todas las demás cualidades que caracterizan una vida fructífera. Estoy convencida de que el orden no es por casualidad.

Dondequiera que nos falte amor y dominio propio, invitamos a toda clase de dificultades y de discordia a instalarse en nuestros corazones. La amargura y la ira, expresadas en palabras maliciosas o vengativas, o en chismes y habladurías, son señales de que nos falta amor y dominio propio.

Imagino que Satanás se alegra cuando nos enfrentamos unos a otros en lugar de ser como nuestro Padre reconciliador y dador de vida. Así pues, unámonos como mujeres de Dios, para apagar la máquina de las calumnias.

En su lugar, «sigamos lo que contribuye a la paz y a la mutua edificación» (Romanos 14:19). Y oremos fervientemente con el salmista: «Pon guarda a mi boca, oh Jehová; guarda la puerta de mis labios» (Salmo 141:3).

Hazlo personal

Escribe ejemplos de cómo las cualidades de amor y dominio propio han influido en tu manera de hablar a otros y en tu forma de hablar de los demás.

Señor, hoy te doy gracias por...

Señor, hoy te pido...

La misión de *Editorial Portavoz* consiste en desarrollar y distribuir productos de calidad —con integridad y excelencia—, desde una perspectiva bíblica y confiable, que animen a las personas a conocer y servir a Jesucristo.

Las cursivas en el texto bíblico son énfasis de la autora.

EDITORIAL PORTAVOZ
2450 Oak Industrial Drive NE
Grand Rapids, MI 49505 USA
Visítenos en: www.portavoz.com

ISBN 978-0-8254-5106-5

EDITORIAL PORTAVOZ

1 2 3 4 5 edición / año 34 33 32 31 30 29 28 27 26 25

Impreso en China
Printed in China